CARL FRIEDRICH VON SIEMENS STIFTUNG · THEMEN BD. 100

Ronna Burger
On Plato's *Euthyphro* – Über Platons *Euthyphron*

Herausgegeben von Heinrich Meier

RONNA BURGER

On Plato's *Euthyphro*
Über Platons *Euthyphron*

Carl Friedrich von Siemens Stiftung
München

Zum Umschlag

Die Abbildung auf der Vorderseite zeigt den um die Mitte des 2. Jahrhunderts n. Chr. entstandenen Sokrates aus Ephesos.
© Österreichisches Archäologisches Institut in Wien. Foto Niki Gail.

Die Rückseite gibt in einer Darstellung von Giulio Bonasone (Kupferstich von 1555) wieder, wie Menelaos Proteus fesselt, um ihn zu zwingen, daß er ihm die Zukunft enthülle (siehe S. 104-105). Sammlung des British Museum, London.

Erweiterte Fassung eines Vortrags, gehalten in der Carl Friedrich von Siemens Stiftung am 9. Juni 2010. Der Abend wurde geleitet von Professor Dr. Friedrich Wilhelm Graf.

Inhalt

RONNA BURGER

Über Platons *Euthyphron*

I. An der Stoa des Königs

Im Jahr 399 v. Chr. wurde dem Philosophen Sokrates in Athen der Prozeß gemacht, weil er die Götter der Stadt nicht anerkenne und die Jugend verderbe; er wurde von einer aus seinen Mitbürgern bestehenden Jury schuldig gesprochen, ins Gefängnis geworfen und hingerichtet. In Platons dramatischem Universum nimmt diese Kette von Ereignissen an dem Tag ihren Anfang, als Sokrates die gegen ihn gerichtete Anklageschrift erhält und er einem jungen Mann, Euthyphron, begegnet, der behauptet, über prophetische Kräfte und ein besonderes Wissen vom Göttlichen zu verfügen. Die Umstände führen wie selbstverständlich zu der Frage: Was ist das Fromme? Jeder Platonische Dialog enthält Rede und Gegenrede, die in einen Handlungskontext eingebettet sind und in denen solche Fragen gestellt und untersucht werden; doch im *Euthyphron* und der ganzen Folge von Dialogen, in deren Zentrum Sokrates' Prozeß und Tod stehen, ist Platons Fähigkeit, die Umstände mit philosophischer Bedeutsamkeit aufzuladen, besonders auffallend.

Der Schauplatz des *Euthyphron* spiegelt die untrennbare Verbindung zwischen der theologischen Streitfrage, um die es im Dialog geht, und ihrem politischen Rahmen wider: Sokrates trifft an der Stoa des Basileus auf Euthyphron; beim Basileus handelt sich um den verkümmerten

RONNA BURGER

On Plato's *Euthyphro*

I. At the Stoa of the King

In the year 399 BCE the philosopher Socrates was
put on trial in Athens for not acknowledging the
gods of the city and corrupting the young; he was
convicted by a jury of his fellow citizens, impris-
oned, and put to death. In Plato's dramatic uni-
verse, that series of events is set in motion on
the day Socrates receives the indictment against
him, when he encounters a young man, Euthyphro,
who claims to have prophetic powers and special
knowledge of the divine. The circumstances lead
quite naturally to the question, What is the holy?
In raising and addressing such a question, every
Platonic dialogue represents an exchange of
speeches embedded in the context of deeds; but in
the *Euthyphro*, and the whole sequence of dialogues centering on Socrates' trial and death,
Plato's ability to imbue the circumstances with
philosophic significance is especially striking.

The setting of the *Euthyphro*, to begin with,
reflects the inseparable connection of the theological issue at stake in the dialogue and its political
framework: Socrates meets up with Euthyphro at
the Stoa of the King, the vestigial royal title of the
Athenian archon in charge of the city's ancestral

Königstitel des athenischen Archonten, der für die altüber-
kommenen Opfer der Stadt sowie die Verfahren wegen
Gottlosigkeit vor Gericht zuständig ist.[1] Daß Sokrates die
gegen ihn gerichtete Anklage an der Stoa des Königs abholt,
kann ein historisches Faktum sein;[2] gewiß ist es den
Zwecken Platons im Dialog aufs schönste dienlich mit seiner verblüffenden Erinnerung an die weltkluge demokra-
tische Stadt der Künste, die eine öffentliche, von einem
»König« beaufsichtigte Opferpraxis unterhält. Die Untersuchung, auf die Sokrates sich mit Euthyphron einläßt,
wird den Versuch, das Fromme zu bestimmen, mit einer
Betrachtung jener öffentlichen Opferpraxis abschließen.

1 In Platons *Politikos*, der dramatisch am Tag nach dem *Euthyphron*
stattfindet, hört Sokrates, wie ein Fremder aus Elea über dieses Amt
nachdenkt: »… in Ägypten [darf] kein König ohne Priestertum regie-
ren … Auch unter den Hellenen findet man häufig, daß den höchsten
obrigkeitlichen Personen die wichtigsten solcher Opfer zu verrichten
übertragen sind. Und auch bei euch liegt ja dies nicht weniger zutage.
Denn wen das Los zum Archon, der König genannt wird, macht, dem,
sagt man, wären hier die feierlichsten und altväterlichsten Opfer übertragen« (290d–e). [Platons Dialoge werden nach der Schleiermacher-
schen Übersetzung in der Ausgabe *Platon. Sämtliche Werke*. Hg.
Walter F. Otto/Ernesto Grassi/Gert Plamböck. Hamburg 1959, zitiert.
Um Konsistenzen zu erhalten und Korrespondenzen zwischen Text
und Zitat zu bewahren, wurden in einigen Fällen Anpassungen vorge-
nommen. Anm. d. Ü.]

2 Siehe Aristoteles: *Der Staat der Athener* 57. Fustel de Coulanges
bezieht sich bei seiner Beschreibung der antiken Stadt, in der »Staat
und Religion so vollständig miteinander verwoben waren, daß es
unmöglich war, das eine vom anderen auch nur zu unterscheiden«, auf
den jährlich neu gewählten Magistrat, »König« genannt, dessen
heiliger Titel an den altertümlichen Priester des öffentlichen Herdes
erinnert (*Der antike Staat*. Stuttgart 1981, S. 225, 235).

sacrifices as well as impiety cases in the court.[1] Socrates' retrieval of the indictment at the Stoa of the King may be an historical fact;[2] it certainly serves Plato's purposes in the dialogue quite beautifully, with its startling reminder of the sophisticated democratic city of arts that engages in the public practice of sacrifice supervised by a "king." The inquiry Socrates is about to share with Euthyphro will conclude its attempt to define the holy with a consideration of that public practice of sacrifice. The action of the dialogue, at the same

1 In Plato's *Statesman*, which is dramatically set on the day after the *Euthyphro*, Socrates listens to an Eleatic Stranger reflect on this office: "In Egypt it is not even possible for a king to rule without a hieratic (art)… And, further, in many places among the Greeks one would find that the greatest kinds of sacrifices that deal with matters of this sort are enjoined upon the greatest offices of rule to perform, and in particular here among you it's not least of all plain what I mean, for they say whoever gets to be king here by lot has been assigned the most august and particularly ancestral (native) of the ancient sacrifices" (290d–e, trans. Seth Benardete, *The Being of the Beautiful*. Chicago 1984).

2 See Aristotle *Athenian Constitution* 57. Fustel de Coulanges, describing the ancient city where "the state and religion were so completely confounded that it was impossible even to distinguish the one from the other," refers to the annual magistrate called "king," whose sacred title recalls the ancient priest of the public hearth (*The Ancient City: A Study on the Religion, Laws, and Institutions of Greece and Rome*, trans. Willard Small. Garden City 1956, pp. 174, 180).

Zugleich weist die Handlung des Dialogs auf eine weitere Bedeutung von Opfer hin, da sie auf den sich abzeichnenden Prozeß und Tod des Sokrates vorbereitet.

Euthyphron ist, wie wir bald erfahren, mit dem Plan zur Stoa des Königs gekommen, ein Gerichtsverfahren gegen seinen eigenen Vater anzustrengen, das er mit dem Anspruch rechtfertigt, er verfüge über ein Wissen vom Göttlichen, das gewöhnlichen Menschen nicht zugänglich sei. Euthyphron ist überzeugt, auf dieser Grundlage den Konventionen, insbesondere dem Brauch der Sohnes-Ehrfurcht, trotzen zu können. Ohne es zu wissen, ist er im Begriff, eine Art Ödipus-Handlung in Gang zu setzen, die eine perfekte Parallele zu Sokrates' Beschreibung seiner eigenen Lage ergibt: wie ein Junge, der zu seiner Mutter läuft, um sich über seinen Vater zu beschweren, ist ein eifriger junger Mann zur Stadt gelaufen, um Sokrates wegen der Verderbnis der Jugend anzuklagen (2c). Da die Macht der Stadt weitaus größer ist als die einer Mutter, wird die Anklage, die Sokrates zur Stoa des Königs geführt hat, in einem athenischen Gefängnis mit dem Trinken des Schierlingsbechers kulminieren.

Die Begegnung des Philosophen mit dem Seher sollte unter diesen äußerst belastenden Umständen eine Angelegenheit höchsten Ernstes sein, doch in Platons Darstellung wird daraus ein komisches, mit leichtester Hand gezeichnetes Meisterwerk. Indem er den lächerlichen Prahler Euthyphron als Sokrates' Gesprächspartner wählt, scheint Platon einer angemessenen Prüfung des Philosophen im Gegenüber mit einem wahren Gläubigen auszuweichen. Die Streitfragen von großer Tragweite, auf die das Gespräch aufmerksam macht, liegen unter der Oberfläche, darauf deutet bereits die Sprache des Werkes hin: *Der* Dialog über das

time, points to a further meaning of sacrifice, as it prepares for Socrates' trial and death on the horizon.

Euthyphro, we soon learn, has come to the Stoa of the King with a plan to initiate a legal proceeding against his own father, which he justifies with a claim to knowledge of the divine that is not accessible to ordinary human beings. On that basis, Euthyphro is confident about defying conventions, in particular, the custom of filial piety. He is in the process of enacting, unwittingly, an Oedipal plot that happens to have a perfect parallel in Socrates' description of his own situation: like a boy running to his mother to complain about his father, a zealous young man has run to the city to accuse Socrates of corrupting the youth (2c). Given the far greater power of the city than of a mother, the accusation that has brought Socrates to the Stoa of the King will culminate with his drinking hemlock in an Athenian prison.

The encounter of the philosopher with the seer in these highly fraught circumstances should be a matter of the utmost gravity, yet it becomes in Plato's representation a comic masterpiece treated with the lightest touch. In choosing the laughable boaster Euthyphro as Socrates' interlocutor, Plato seems to avoid providing an adequate test of the philosopher in the face of the true believer. The issues of great consequence to which the conversation points lie beneath the surface, as the very language of the work indicates: *The* dialogue on the holy speaks only of "gods" – in contrast with the

Fromme spricht nur von »Göttern« – im Gegensatz zu den anderen Dialogen, die Sokrates' Prozeß, Gefangenschaft und Tod darstellen und jeweils in einem wichtigen Augenblick auf »Gott« im Singular verweisen; er schweigt ebenfalls zu *physis, erōs* oder *philosophia* und, vielleicht am auffallendsten, zu *psychē*.[3] So wie ein Individuum sich mit Hilfe der Ironie (*eironeia*) geringer erscheinen läßt, als es ist,[4] legt der *Euthyphron* in der Behandlung seines wichtigen Themas eine ironische Selbstherabsetzung an den Tag.

Viele Platonische Dialoge verraten mit ihrer spielerischen Darstellung der ernstesten Angelegenheiten, was der Philosoph dem Komödiendichter Aristophanes verdankt; doch der *Euthyphron* erweist sich als eine ganz besondere Platonische Antwort auf die *Wolken* des Aristophanes. In diesem Werk läßt der Komödiendichter Sokrates als Lehrer der Redekunst und als Erforscher der »Dinge über den Himmeln und unter der Erde« auftreten – ein Bild, das Sokrates noch im Prozeß am Ende seines Lebens zu bekämpfen versucht (*Apologie* 18a–19c). Der Sokrates des Aristophanes, ein Sophist und ein Naturalist, führt neue Gottheiten von ganz trefflicher Art ein – die Wolken, natürliche Göttinnen der Nachahmung –, während er gleichzeitig offenbart, daß Zeus nicht existiert. Im Mittelpunkt des Dramas steht die potentiell verderbende Wirkung seiner

---

3 Zu den Verweisen auf »den Gott« in *Apologie, Kriton* und *Phaidon* siehe Anm. 12. Zum Schweigen des *Euthyphron* über die Seele siehe Anm. 36. Hannes Kerber hat bemerkt, daß auch ein anderer Begriff im Dialog in auffälliger Weise fehlt: *aretē*, damit wird Gottesfurcht nicht als Tugend bestimmt.

4 Das ist die Definition, die Aristoteles anbietet, mit Sokrates als typischem Beispiel (*Nikomachische Ethik* 1127b22–26).

other dialogues representing Socrates' trial, imprisonment, and death, which each refer at an important moment to "god" in the singular; it is equally
silent about *physis*, *erōs*, or *philosophia*, and perhaps most conspicuously, *psychē*.[3] Like the irony
(*eironeia*) of an individual who makes himself
appear less than he is,[4] the *Euthyphro's* treatment of
its important theme exhibits an ironic self-depreca-
tion.

In their playful representation of the most
serious matters, many of the Platonic dialogues
betray the philosopher's debt to the comic poet,
Aristophanes; but the *Euthyphro* proves to be a
very particular Platonic response to Aristophanes'
Clouds. In that work the comic poet puts Socrates
on stage as the teacher of an art of speaking and
an investigator of "things above the heavens and
beneath the earth" – an image Socrates is still trying
to combat in his trial, at the end of his life (*Apology*
18a–19c). Aristophanes' Socrates, a sophist and a
naturalist, introduces new deities of a most fitting
sort – the Clouds, natural goddesses of imitation –
while revealing that Zeus does not exist. The
potentially corrupting effect of his teaching lies at

3 On the references to "the god" in the *Apology, Crito*, and
Phaedo, see note 12. On the *Euthyphro's* silence about the
soul, see note 36. Hannes Kerber has observed another con-
spicuous absence in the dialogue: *aretē* is never mentioned,
thus piety is not identified as a virtue.

4 This is the definition Aristotle offers, with Socrates as the
exemplar (*Nicomachean Ethics* 1127b22–26).

Lehre. Ein lasterhafter junger Mann ist von seinem Vater zu Sokrates geschickt worden, um dessen Redekunst zu erlernen und damit die Fähigkeit zu erwerben, sich aus den Schulden, die er gemacht hat, herauszureden. Als er nach dem Unterricht bei Sokrates nach Hause zurückkehrt, gibt es zwischen dem jungen Mann und seinem Vater eine Meinungsverschiedenheit über die alten und die neuen Dichter (veranschaulicht an einer Erzählung des Euripides über Inzest) –, eine Meinungsverschiedenheit, die so heftig ist, daß der Sohn seinen Vater am Ende schlägt. Da der alte Mann die Sokratische Erziehung selbst ausgewählt hat, muß er akzeptieren, daß sein Sohn sich auf das Sokratische Prinzip beruft, nicht die Väter oder die Ahnen besäßen Autorität, sondern der Weise. Als der Sohn sich jedoch gegen seine Mutter zu wenden droht, ist für den Vater eine Grenze erreicht, und das Stück nimmt ein unheilvolles Ende, da er Sokrates' Denkwerkstatt in Brand setzt. In den *Wolken* durchdenkt Aristophanes die Sokratische Lehre bis in ihre weitreichendsten Konsequenzen – die Verletzung der fundamentalen Verbote von Vatermord und Inzest, die im Stück mittels ihrer komischen Äquivalente einbezogen sind: der Sokrates der *Wolken* unterminiert die Fundamente der Familie, indem er deren göttliche Unterstützung in Frage stellt.[5] Der *Euthyphron* enthält in der Entfaltung seiner dramatischen Handlung Platons Antwort.

5 Siehe Leo Strauss' Auslegung des Stücks in *Socrates and Aristophanes*. New York 1966, besonders S. 41–46; cf. S. 311–314. Wie Heinrich Meier erläutert, weist Strauss' Studie als ganze auf die unausgesprochene Frage hin, die für Aristophanes, in einer der Komödie entsprechenden Form, zentral ist: *quid sit deus*? (*Das theologisch-politische Problem. Zum Thema von Leo Strauss*. Stuttgart 2003, S. 46f.; cf. *Warum Politische Philosophie?* Stuttgart 2000, S. 9–14).

the heart of the drama. A profligate young man has been sent by his father to learn Socrates' art of speaking in order to acquire the skill to talk his way out of the debts he has incurred. Returning home after his lessons with Socrates, the young man finds himself in a disagreement with his father about the old poets and the new (exemplified by a Euripidean tale of incest) – a disagreement so virulent it ends with beating his father. Having himself sought out the Socratic education, the old man must accept his son's appeal to the Socratic principle that authority belongs, not to the paternal or the ancestral, but to the wise. When, however, the son threatens to turn against his mother, the father reaches a limit and the play comes to an ominous end with his setting Socrates' think-tank on fire. In the *Clouds*, Aristophanes thinks through the Socratic teaching to its furthest consequences – violation of the fundamental prohibitions of parricide and incest, implied in the play by their comic equivalents: the Socrates of the *Clouds* undermines the foundations of the family by putting into question their divine support.[5] The *Euthyphro*, as its dramatic action unfolds, offers Plato's response.

5 See Leo Strauss's reading of the play in *Socrates and Aristophanes* (New York 1966), especially pp. 41–46; cf. pp. 311–314. Strauss's study as a whole points, as Heinrich Meier explains, to the unspoken question that is central to Aristophanes, in an appropriate comic form: *quid sit deus?* (*Leo Strauss and the Theologico-Political Problem*, trans. Marcus Brainard. New York 2006, p. 27, cf. pp. 91–95).

In Platons philosophischer Komödie wird die bedeutungsvolle Begegnung von Philosoph und Seher an der Stoa des Königs als zufälliges Zusammentreffen dargestellt. Sicher ist Euthyphron überrascht, auf Sokrates zu treffen; er weiß genug über den Philosophen, um anzunehmen, daß dieser nicht dort ist, um ein Verfahren gegen jemanden anzustrengen. Sokrates bestätigt diese Annahme. Er ist wegen der gegen ihn vorgebrachten Beschuldigung vorgeladen worden, er verderbe die Jugend; und als Euthyphron fragt: »Wodurch denn?«, erklärt Sokrates, indem er »neue Götter machte« (3b). Sokrates, der es aus Prinzip sein ganzes Leben unterließ, Schriften zu verfassen, sieht sich nun einer Anklage – einer *graphē*, buchstäblich einer »Schrift« – gegenüber, er sei ein Macher (*poiētēs*) von Göttern. Mit dieser einzig hier verwendeten Formulierung der Anschuldigung gegen Sokrates stellt der *Euthyphron* die Frage nach den Göttern in den Rahmen »des alten Streites zwischen Dichtung und Philosophie«.[6] Wenn Dichtung im Gegensatz zur Philosophie wesentlich eine Sache des Hervorbringens (*poiēsis*) ist, erscheint die Anschuldigung gegen Sokrates wie ein echtes Mißverständnis. Selbstverständlich ist das Machen neuer Götter eine Straftat, weil, wie Sokrates hinzufügt, daraus folgt, daß man nicht an die alten glaubt (*nomizein*): das von dem Wort *nomos* abgeleitete Verb gibt

6 Siehe *Politeia* 607b. Herodot zufolge können die allerersten Wurzeln der griechischen Götter bis nach Ägypten zurückverfolgt werden, doch Homer und Hesiod sind es, die den Griechen mitteilten, »woher jeder einzelne Gott stammte oder ob sie schon immer alle da waren, wie sie aussahen«, und »die den Stammbaum der Götter in Griechenland aufgestellt, ihnen ihre Beinamen gegeben, die Ämter und Ehren unter sie verteilt und ihre Gestalt klargemacht« haben (*Historien* II.50 und II.53. Ed. Josef Feix. München ²1977, S. 246–247).

The profoundly meaningful intersection of philosopher and seer at the Stoa of the King is represented, in Plato's philosophic comedy, as a sheer coincidence. Euthyphro is certainly surprised to see Socrates; he knows enough about the philosopher to assume that he is not there to initiate a lawsuit against someone else. Socrates confirms that assumption. He has been summoned because of an allegation against him of corrupting the youth; and when Euthyphro questions, "By making what?," Socrates explains, "making new gods" (3b). Socrates, who in principle refrained his whole life from producing any writings, now faces an indictment – a *graphē*, literally a "writ" – as a maker (*poiētēs*) of gods. With this unique formulation of the charge against Socrates, the *Euthyphro* sets the question of the gods in the frame of "the ancient quarrel between poetry and philosophy."[6] If poetry, in contrast with philosophy, is essentially a matter of production (*poiēsis*), the charge against Socrates looks like a real misunderstanding. Of course, making new gods is a criminal offense because it entails, as Socrates adds, not believing (*nomizein*) in the old ones: the verb, from the word

---

6 See *Republic* 607b. According to Herodotus, the most primitive roots of the Greek gods can be traced to Egypt, but it is Homer and Hesiod "who created for the Greeks their theogony" and "who gave to the gods the special names for their descent from their ancestors and divided among them their honors, their arts, and their shapes" (*The History* II.50 and II.53, trans. David Grene. Chicago 1987).

Aufschluß darüber, wieviel Gottlosigkeit in der griechischen *polis* vorhanden ist, nicht weil es an Glauben fehlt, sondern weil es an Respekt gegenüber den Konventionen der Stadt mangelt, die ihre Autorität an die Götter der Ahnen knüpft.[7]

Sobald Euthyphron die Anklage vernimmt, drückt er dem Philosophen sein Mitgefühl aus: auch er werde regelmäßig ein Opfer des Spotts der Athener, wann immer er seine Prophezeiungen in der Versammlung vortrage.[8] Wenn er doch nur den Spott seiner Mitbürger und nicht ihren tödlichen Zorn auf sich zöge, wünscht sich Sokrates. Im Höhlengleichnis der *Politeia* wird der Unterschied veranschaulicht: wenn jemand, der aufgestiegen war, noch vom Licht geblendet in die Dunkelheit zurückkehrte und sich an den Versuchen beteiligte, die Schatten an der Wand zu erkennen, würde er gnadenlos ausgelacht, wenn er aber versuchte, einen anderen von seinen Ketten zu befreien, dann würden die Gefangenen ihn töten wollen.[9] Indem Sokrates

---

7 In Platons Darstellung von Sokrates' Prozeß lautet die förmliche Anschuldigung: »nicht an die Götter der Stadt glauben (*nomizein*)« (*Apologie des Sokrates* 24b). Auf die Bedeutung des Verbs wird durch Sokrates' Bild der angeketteten Gefangenen in der Höhle hingewiesen, die nur die Bilder an der Wand vor sich sehen und glauben (*nomizein*), sie seien das Seiende (*Politeia* 515b).

8 Im *Theaitetos*, der seinen dramatischen Ort unmittelbar vor dem *Euthyphron* hat, begegnet Sokrates in dem Mathematiker Theodorus demselben Charaktertypus, dem theoretischen Menschen, der meint, das größte Übel bestehe darin, von der Menge lächerlich gemacht zu werden (siehe 174a–175b).

9 Siehe *Politeia* 516e–517a. Ob der Philosophenkönig der *Politeia* Gegenstand von Gelächter oder tödlichem Zorn sei, ist eine Frage, die sich durch die ganze Diskussion hindurchzieht, beginnend bei 473c–e.

nomos, indicates how much impiety in the Greek *polis* consists, not in lacking faith, but in failing to respect the conventions of the city, which links its authority to the ancestral gods.[7]

As soon as he hears the accusation, Euthyphro expresses empathy with the philosopher: he himself is a constant victim of the Athenians' ridicule whenever he issues his prophesies in the assembly.[8] If only, Socrates wishes, he would incur the ridicule of his fellow citizens, rather than their lethal anger! That difference is illustrated in the cave image of the *Republic*: if someone who had ascended came back into the darkness still blinded by the light and tried to compete in making out the shadows on the wall, he would be laughed at mercilessly, but if he tried to free another from his chains, the prisoners would want to kill him.[9] In contrasting Euthyphro's complaints about being ridiculed with his

7 In Plato's dramatization of Socrates' trial, the formal charge is "not believing in (*nomizein*) the gods of the city" (*Apology of Socrates* 24b). The meaning of this verb is suggested by Socrates' image of the chained prisoners in the cave who see only images on the wall in front of them and believe (*nomizein*) they are the beings (*Republic* 515b).

8 In the *Theaetetus*, the conversation dramatically set just before the *Euthyphro*, Socrates encounters the same character type in the mathematician Theodorus, the theoretical man who thinks that the greatest evil is to be ridiculed by the many (see 174a–175b).

9 See *Republic* 516e–517a. Whether the *Republic's* philosopher-king is an object of laughter or lethal anger is an issue that runs through the whole discussion, beginning with 473c–e.

Euthyphrons Beschwerde, man mache sich über ihn lustig, seiner eigenen lebensbedrohlichen Lage gegenübergestellt, läßt seine scheinbar beiläufige Bemerkung einen tiefen Riß im Selbstverständnis der Stadt deutlich werden. Die Athener lachen über Euthyphron, weil er die Geschichten über die Götter wörtlich nimmt – sie verspotten den Seher, weil er an das glaubt, was sie für heilig halten sollen; sie sind aber bereit, den Philosophen zum Tode zu verurteilen, weil er nicht daran glaubt. Theologisch werden die Götter der Stadt irgendwie als von den Dichtern hervorgebrachte Figuren erkannt; politisch ist das Leugnen dieser Götter ein Verbrechen, das mit dem Tode bestraft werden kann. Euthyphrons »Fundamentalismus« macht ihn in der aufgeklärten Stadt der Künste zur Zielscheibe des Gelächters; doch dieselbe Stadt, deren dunklere Seite ihre Wurzeln im Heiligen hat, kann den Philosophen hinrichten, weil er die Götter, die ihr ihre Identität verleihen, in Frage stellt.[10]

Da er Sokrates als Spiegelbild seiner selbst betrachtet, hat Euthyphron seine eigene Interpretation, warum man dem Philosophen derart mißtraut. Er hat von dem berühmten *daimonion* des Sokrates gehört, der halbgöttlichen Stimme, die dieser in sich zu vernehmen behauptet und die ihn stets von etwas fernhält, das ihn in Gefahr bringen könnte. Dieses prophetische *daimonion* versetzt Sokrates in

---

10 Strauss bemerkt, daß durch die Beschreibung von Phänomenen wie der Reaktion der Stadt auf Orakel, Erdbeben oder Sonnenfinsternisse »die fromme Stadt im Gegensatz zur natürlichen Stadt« von Thukydides deutlicher herausgestellt wird als von den klassischen Philosophen, für die »die Beschäftigung mit dem Göttlichen mit Philosophie identisch geworden ist« (*The City and Man*. Chicago 1964, S. 240–241).

own life-threatening situation, Socrates' apparently casual remark brings out a deep fissure in the city's self-understanding. The Athenians laugh at Euthyphro for taking literally the stories of the gods – they mock the seer for believing what they are supposed to hold sacred; yet they are ready to sentence the philosopher to death for not believing it. Theologically, the gods of the city are somehow recognized as figures produced by the poets; politically, the denial of these gods is a crime that can meet with capital punishment. Euthyphro's "fundamentalism" makes him a laughing stock in the enlightened city of arts; but the same city, whose darker side has its roots in the sacred, can execute the philosopher for putting into question the gods that give it its identity.[10]

Seeing Socrates as a mirror of himself, Euthyphro has his own interpretation of why the philosopher is so distrusted. He has heard of Socrates' famous *daimonion*, the semi-divine voice he claims to have within himself, which always holds him back from something that would endanger him. In Euthyphro's eyes, this prophetic *daimonion* puts Socrates, like himself, in a class of special individu-

---

10 "The holy city in contradistinction to the natural city," Strauss observes, is brought out more clearly by Thucydides – in describing phenomena like the city's responses to oracles, earthquakes, or eclipses – than by the classical philosophers, for whom "the concern with the divine has become identical with philosophy" (*The City and Man*. Chicago 1964, pp. 240–241).

Euthyphrons Augen wie ihn selbst in eine Klasse besonderer Individuen, die um ihrer Weisheit willen Neid erregen müssen. Euthyphron schreibt den Athenern die Art Neid zu, welche Platons Sokrates in der komplexen Psychologie analysiert, die er vom Komödiendichter entwickelt und die sich ganz offenkundig auf Aristophanes und dessen Motivation anwenden läßt, Sokrates als Zielscheibe des Gelächters zu zeigen.[11] Wenn wirklich Neid am Werk ist, wie Euthyphron glaubt, warum sollte er in seinem Fall nur das Gelächter der Stadt auslösen, während er, sobald es um den Philosophen geht, solche Furcht und solchen Zorn hervorruft? Es ist, wie Sokrates erklärt, der Glaube, er könne andere zu seinesgleichen machen, der dazu führt, daß die Stadt sich durch ihn bedroht fühlt (3c). In diesem Fall muß Euthyphron den Argwohn gegenüber Sokrates falsch verstehen; das *daimonion* kann nicht der Grund dafür sein, da diese stille innere Stimme das Kennzeichen von Sokrates' Individualität ist und niemals bei jemand anderem wieder hervorgebracht werden könnte.[12]

11 Dieser Darstellung zufolge, die Sokrates in Platons *Philebos* (48a–50d) gibt, wird Aristophanes von schmerzlichem Neid auf eine Überlegenheit geplagt, die er bei Sokrates erkennt; aber er findet Linderung für diesen Schmerz in dem Vergnügen, über die Schwäche des Philosophen oder genauer, dessen unzureichende Selbsterkenntnis zu lachen. Siehe Strauss: *Socrates and Aristophanes*, S. 5–6, und Seth Benardete: *The Tragedy and Comedy of Life. Plato's »Philebos«*. Chicago 1993, S. 201–208.

12 Wenn Sokrates die Bedingungen beschreibt, die dazu beitragen können, einen Rest von philosophischen Naturen zu retten, die nicht durch die Stadt verdorben werden, beleuchtet er seinen eigenen Fall, da er es dem *daimonion* zugute hält, das ein so seltenes oder vielmehr einzigartiges Phänomen ist (*Politeia* 496c). In Platons Darstellung

als bound to arouse envy for their wisdom. Euthyphro ascribes to the Athenians the sort of envy Plato's Socrates analyzes in the complex psychology he develops of the comic poet, which applies most obviously to Aristophanes and his motivation in representing Socrates as a target of laughter.[11] If envy is indeed at work, as Euthyphro believes, why should it arouse in his case only the city's laughter, while it evokes such fear and anger when it comes to the philosopher? As Socrates explains, it is the belief that he can make others like himself that leads the city to feel threatened by him (3c). Euthyphro in that case must misunderstand the distrust of Socrates; it cannot be about the *daimonion*, insofar as this silent inner voice is the mark of Socrates' individuality and could never be reproduced in another.[12]

---

11 On this account, which Socrates offers in Plato's *Philebus* (48a–50d), Aristophanes experiences a painful envy of some superiority he recognizes in Socrates; but he finds relief from that pain in the pleasure of laughing at the philosopher's weakness, more specifically, his insufficient self-knowledge. See Strauss, *Socrates and Aristophanes*, pp. 5–6 and Benardete, *The Tragedy and Comedy of Life: Plato's "Philebus."* Chicago 1993, pp. 201–208.

12 Describing the conditions that might account for a saved remnant of philosophic natures not corrupted by the city, Socrates makes light of his own case, since he credits the *daimonion*, which is such a rare, or rather unique phenomenon (*Republic* 496c). In Plato's representation, the *daimonion* plays a crucial role in the individual decisions that bring Socrates' life to an end. The *Apology* concludes with

Was also sind die »Neuerungen« des Philosophen »in bezug auf die göttlichen Dinge«, wie es in Euthyphrons umformulierter Anschuldigung heißt und von Sokrates wiederholt wird (3b, 5a)? Wir erhalten einen Anhaltspunkt, wenn Sokrates die Suche nach einer *idea* des Frommen einleitet – nach etwas, das nicht entsteht oder vergeht, nach etwas, das hinter einer Vielzahl wechselnder Erscheinungsformen ein und dasselbe bleibt und als Paradigma für alle Einzeldinge oder Wesen dienen kann, die es nachahmen oder an ihm teilhaben: die *idea* sieht wie der Ersatz des Philosophen für die unsterblichen Götter aus, insbesondere für die von den Dichtern verfertigten Götter wie Nemesis und ihre Geschwister, Freundschaft und Zwist, Schicksal und Tod, Schuld und Weh u. a.[13] Und doch, so scheint es, wäre

spielt das *daimonion* für die individuellen Entscheidungen, die Sokrates' Leben ein Ende setzen, eine entscheidende Rolle. Die *Apologie* schließt damit, daß Sokrates diejenigen tröstet, die ihn frei sprachen, indem er ihnen versichert, daß an diesem Tag »das Zeichen« nicht erschienen sei, um ihn zurückzuhalten, und er verläßt die Jury kurz danach mit den Worten, sie gingen, um zu leben, und er, um zu sterben, der bessere Weg sei aber nur »dem Gott« bekannt. Sokrates scheint wiederum an das *daimonion* zu denken, wenn er Kriton am Ende ihres Gesprächs auffordert, das Todesurteil zu akzeptieren, da das der Weg sei, den »der Gott« ihn führe (*Kriton* 54e), und abermals wenn er am Tag seines Todes anerkennt, daß man sich nicht das Leben nehmen darf, es sei denn, ein Gott schicke eine Notwendigkeit (*Phaidon* 62c).

13 Siehe Hesiod: *Theogonie* 211–225 und Strauss: *An Untitled Lecture on Plato's »Euthyphron«*, in *Interpretation* 24/1, 1996, S. 15–16. In einem Brief an Benardete bringt Strauss seine Beobachtung zum Ausdruck, daß die Ideenlehre ihre Präfiguration insbesondere in Göttern wie Nike findet (abgedruckt bei Meier: *Das theologisch–politische Problem*, S. 47).

What then are the philosopher's "innovations concerning the divine things," as Euthyphro reformulates the charge and Socrates repeats it (3b, 5a)? We are given a clue when Socrates introduces the search for an *idea* of the holy – something that does not come to be or pass away, something that remains one and the same behind a manifold of changing appearances and can serve as a paradigm for all the particulars that imitate it or participate in it: the *idea* looks like the philosopher's replacement of the deathless gods, in particular, the poets' fabrication of gods like Nemesis and her siblings, Friendship and Strife, Fate and Death, Blame and Woe, among others.[13] Still, the philosopher, it

Socrates comforting those who acquitted him by assuring them that "the sign" did not come to hold him back that day, and he departs from the jury shortly afterward with the words that they go to live and he to die, but the better course is known only to "the god." Socrates seems to have the *daimonion* in mind again when he exhorts Crito, at the end of their conversation, to accept the sentence of death since it is the way "the god" leads (*Crito* 54e) and once more when he acknowledges on the day of his death that one must not take his own life, unless a god sends some necessity (*Phaedo* 62c).

13 See Hesiod *Theogony* 211–225 and Strauss, "An Untitled Lecture on Plato's *Euthyphron*," in *Interpretation* 24/1, 1996, pp. 15–16. In a letter to Benardete, Strauss expresses his observation of how the doctrine of ideas is prefigured in particular by gods like Nike (reprinted in Meier, *Leo Strauss and the Theologico-Political Problem*, p. 27).

der Philosoph kein »*Macher* neuer Götter«, wenn die *idea* nicht seine Hervorbringung ist, sondern die Wahrheit, die er bei seiner Überprüfung der Meinung zu entdecken versucht. Oder ist er tatsächlich eine Art Macher, wenn er die einheitliche Form als etwas Unabhängiges postuliert, das ihm die Frage zu stellen erlaubt: Was ist es? [14] Euthyphron wird jedenfalls Sokrates' Frage nach der *idea* des Frommen bald akzeptieren, so als habe er schon früher dergleichen gehört; doch er zieht nie in Betracht, daß sie die neue Konzeption der höchsten Wesen veranschaulichen könnte, durch welche die Sokratische Philosophie bei anderen in der Stadt ihre Spuren hinterlassen hat, ihn selbst eingeschlossen.

Sokrates, der sich der Wirkungen seiner »göttlichen Neuerungen« sehr wohl bewußt ist, gibt sich keinen Illusionen über seine Lage hin. Es wäre nicht unangenehm, wiederholt er mehrfach, die Zeit vor Gericht mit Spiel und Gelächter zu verbringen – wäre nur der Prozeß eine Aristophanische Komödie auf der Bühne! Aber wenn es der Stadt ernst ist, bedürfte es eines Sehers oder Propheten (*mantis*) wie Euthyphron, um zu wissen, wie die Dinge ausgehen werden (3d–e). Vielleicht gelangt Sokrates' Rechtsstreit (*dikē*), beruhigt ihn Euthyphron, zu einem ebenso zufriedenstellenden Ende, wie er das von seinem eigenen erwartet.[15]

14 Sokrates spricht in seiner Analyse der mimetischen Dichtung in Buch X der *Politeia* zuerst von der von einem Gott gemachten *idea*, die der Dichter in einer Entfernung dritten Grades nachahmt (597a–e); aber er revidiert diese Analyse bald und ersetzt den Schöpfer-Gott durch »den Gebrauchenden«, der die Funktion, auf die jeder Schöpfer bei seiner Hervorbringung schauen würde, kennt (601c–602b).

15 Indem er ihre beiden Fälle als eine *dikē* (3e) bezeichnet, vergißt oder ignoriert Euthyphron die von Sokrates zuvor gemachte Korrek-

seems, would not be a "*maker* of new gods" if the *idea* is not his product, but the truth he seeks to discover in his examination of opinion. Or is he indeed a kind of maker when he posits the unitary form as an independent being, which allows him to pose the question, What is it?[14] Euthyphro, in any case, will soon accept Socrates' question about the *idea* of the holy as if he has heard this kind of thing before; yet he never considers that it might illustrate the new conception of the highest beings by which Socratic philosophy has left its mark on others in the city, including himself.

Socrates, who is well aware of the effects his "divine innovations" have had, harbors no illusions about his situation. It would not be unpleasant, he reiterates, to pass the time in court with play and laughter – if only the trial were an Aristophanic comedy on stage! But if the city is serious, it would take a seer or prophet (*mantis*) like Euthyphro to know how things will turn out (3d–e). Perhaps Socrates' suit (*dikē*), Euthyphro assures him, may come to as satisfactory a conclusion as he expects of his own.[15] Socrates does not try to assess the

14 In his analysis of mimetic poetry in Book X of the *Republic*, Socrates first speaks of the *idea* made by a god, which the poet imitates at a third degree removed (597a–e); but he soon revises that analysis and replaces the maker-god by "the user," who knows the function to which any maker would look for his production (601c–602b).

15 In referring to both their cases as a *dikē* (3e), Euthyphro forgets or ignores Socrates' earlier correction that the indict-

Sokrates unternimmt keinen Versuch, die prophetischen Gaben des Sehers genauer abzuschätzen; er ist jetzt anscheinend mehr an dem Rechtsstreit interessiert, der diesen zur Stoa des Königs geführt hat.

Es gehe nicht um einen Fall der Verteidigung, erklärt Euthyphron, sondern um eine strafrechtliche Verfolgung wegen Mordes, und sie sei gegen jemanden gerichtet, den zu verfolgen, andere ihn für wahnsinnig halten – gegen seinen eigenen Vater. Sokrates ist schockiert: bei Herakles, nur jemand, der in der Weisheit sehr weit fortgeschritten ist, würde einen solchen Plan weiter verfolgen. Gewiß muß das Opfer ein Angehöriger gewesen sein, vielleicht seine Mutter – das hätte Stoff für eine Tragödie abgegeben. Überrascht von Sokrates' konventioneller Reaktion, stellt Euthyphron die Umstände ausführlich dar.

Einer seiner Arbeiter betrank sich und ermordete in einem Anfall von Jähzorn einen der im Dienst der Familie stehenden Knechte; der Mörder starb später, während er sich im Gewahrsam von Euthyphrons Vater befand, der nach einem religiösen Amtsträger geschickt hatte, um zu erfahren, was er tun sollte. Obwohl das nach Fahrlässigkeit

tur, daß die Anklage gegen ihn eine *graphē* (2a) sei. Stuart Warner weist darauf hin, daß dieser scheinbar geringfügige Irrtum Euthyphrons grundlegende Verwirrung in bezug auf Familie und Stadt anzeigt. Als jüngere Form eines öffentlichen Rechtsstreits, der von jedem Bürger angestrengt werden konnte, steht die *graphē* im Gegensatz zur älteren *dikē*, einem privaten, von der geschädigten Partei oder ihrem Vertreter, typischerweise einem Familienmitglied, angestrengten Rechtsstreit. Euthyphron verfolgt eine *dikē* für einen »Abhängigen« (*pelatēs*, 4c – ein Wort, das in keinem anderen Platonischen Dialog vorkommt).

seer's prophetic powers; he is apparently more interested now in the suit that has brought him to the Stoa of the King.

It is not a case of defense, Euthyphro explains, 3e–5c but prosecution, on the charge of murder, and it is against someone others think he is mad to prosecute – his own father. Socrates is shocked: by Heracles, only someone very far advanced in wisdom would proceed with such a plan! Surely the victim must have been a relative, perhaps his mother – that would have been the stuff of tragedy. Surprised at Socrates' conventional reaction, Euthyphro elaborates.

A laborer of his got drunk and in a fit of anger murdered one of the family's household servants; the murderer then died while being held in bonds by Euthyphro's father, who had sent for a religious official to learn what he should do. While his behavior sounds neglectful, Euthyphro's father

ment against him is a *graphē* (2a). Stuart Warner suggests how this seemingly small error encapsulates Euthyphro's basic confusion about family and city. As the newer form of a public suit that could be initiated by any citizen, the *graphē* stands in contrast with the older *dikē*, in the form of a private suit brought by the injured party or his representative, typically a family relation. Euthyphro prosecutes a *dikē* on behalf of his "dependant" (*pelatēs*, 4c – a word that appears in no other Platonic dialogue).

klingt, wartete Euthyphrons Vater tatsächlich einfach auf den Rat eines Deuters (*exēgētēs*) der heiligen Bräuche und der Gesetze der Ahnen – er wartete auf eine priesterliche Mitteilung darüber, was das Fromme verlangt. Wenn Euthyphrons Absicht darin besteht, seinen Vater wegen Töten ohne Vorsatz zu verfolgen, handelt er in bezug auf das Opfer so, als wäre er dessen nächster Verwandter: er macht sich gegenüber seinem Arbeiter ein Familienverhältnis zu eigen, das er gegenüber seinem eigenen Vater leugnet, genauso wie er über die Mordtat des Arbeiters hinwegsieht, während er nicht zögert, seinen Vater als Mörder zu bezeichnen. Die überlegte Handlung seines Vaters, den Mann zwischenzeitlich einfach in Fesseln zu legen, erweist sich zufällig als ebendie Tat von Zeus, auf den Euthyphron sich berufen wird. Denn Euthyphron wird zu seiner eigenen Verteidigung selbstverständlich besonders darauf verweisen, daß Zeus seinen Vater in Fesseln legte, weil dieser ungerecht gehandelt hatte. Das göttliche Vater-Sohn-Drama findet sein menschliches Echo in der Geschichte von Ödipus, dessen Vater den Sohn aus dem Weg räumen will, um einer Prophezeiung zu entgehen, nach der er von diesem gestürzt werde. Euthyphron versetzt sich in diese Handlung, als hielte er den Arbeiter für seinen Platzhalter und als entspräche die Behandlung des Mannes durch seinen Vater der Behandlung des Ödipus durch dessen Vater.

Ohne Rücksicht auf die Komplexitäten des Falles ist sich Euthyphron sicher, daß ein Verbrechen begangen worden ist, das er bestrafen muß, und er kann nicht glauben, Sokrates würde es kümmern, daß der Verbrecher zufällig sein Vater ist. Denn schließlich bringt es einen Zustand der Befleckung (*miasma*) mit sich, wenn man sich wissentlich zu jemandem gesellt, der Blut vergossen hat, sogar oder

was in fact simply waiting for advice from the interpreter (*exēgētēs*) of sacred customs and ancestral laws – waiting for a priestly communication of what the holy requires. If Euthyphro's intention is to prosecute his father for involuntary homicide, he is acting on behalf of the victim as if he were the next of kin: he adopts a familial relationship to his laborer that he denies in connection with his own father, just as he overlooks his laborer's act of murder while not hesitating to label his father a murderer. His father's deliberate action, meanwhile, in simply binding the man, happens to be precisely the deed of Zeus, to whom Euthyphro is about to appeal. Of course, what Euthyphro will refer to in his own defense is specifically Zeus' binding of his father for acting unjustly. This divine father-son drama has its human echo in the story of Oedipus, whose father sets out to do away with his son, in order to preempt a prophesy about being overthrown by him. Euthyphro steps into that plot as if he took his laborer to be a stand-in for himself, and his father's treatment of the man to be equivalent to the treatment of Oedipus by his father.

With no consideration of all the complexities of the case, Euthyphro is certain a crime has been committed that he must punish, and he cannot believe Socrates would care that the criminal happens to be his father. After all, knowingly associating with one who has shed blood, even, or especially, if he shares hearth and table, brings a state of pollution (*miasma*), unless purified by prosecuting him (4c). Euthyphro appeals to a procedure for

ganz besonders wenn man Herd und Tisch mit ihm teilt, es sei denn, man werde dadurch, daß man ihn verfolgt, gereinigt (4c). Euthyphron bezieht sich auf eine Verfahrensweise zum Umgang mit dem Makel, der den Totschläger ohne Vorsatz befleckt: wird er nicht gereinigt, dann geht die Beschmutzung auf das Individuum über, das dafür verantwortlich ist, die Reinigung zu verlangen, das nächste Familienmitglied des Opfers.[16] Eine archaische Vorstellung, die den heiligen Bereich der Familie betrifft, wird in Euthyphrons Anwendung zu einem universalen Maßstab für Gerechtigkeit, dem jeder in der Stadt folgen soll, obwohl sich darin ganz besonders das zornige Verlangen ausdrückt, seinen Vater zu bestrafen und die eigene Unabhängigkeit zu behaupten.[17]

Da er sich von der Menge derart mißverstanden fühlt, erwartet der aufgeklärte Seher die Zustimmung des Philosophen, aber Sokrates gibt sich, als sei er aufgrund des Mangels an Sohnes-Ehrfurcht so verstört wie Euthyphrons Verwandte. Indem er die gegen ihn gerichtete Anklage als die Hervorbringung eines jugendlichen Eiferers beschreibt, der gegen die väterliche Autorität rebelliert, hat Sokrates sich

16 Das ist das Verfahren, das im Strafkodex von Platons *Nomoi* vorgeschrieben wird (866a–b, cf. 871a–c).

17 Was die Familienmitglieder eint, ist, wie Fustel de Coulanges sagt, »etwas Mächtigeres als die Geburt, als das Gefühl, als die körperliche Kraft. Es ist die Religion des Herdfeuers und der Ahnen« (*Der antike Staat*, S. 62). Nur aufgrund einer Erweiterung konnte die Stadt zur »Vereinigung all jener« werden, »die dieselben Schutzgötter hatten und am selben Altar die religiöse Handlung vollzogen« (S. 166).

dealing with the stain that defiles an involuntary slayer: if it remains unpurified, the contamination passes to the individual responsible for demanding purification, which should be the victim's closest family member.[16] An archaic notion that concerns the sacred sphere of the family becomes, in Euthyphro's application, a universal standard of justice, to be carried out by anyone in the city, while in fact expressing quite specifically an angry desire to punish his father and assert his own independence.[17]

Feeling so misunderstood by the many, the enlightened seer expects the philosopher's approval, but Socrates portrays himself being as disturbed as Euthyphro's relations are about his lack of filial piety. Having described his own indictment as the product of a youthful zealot rebelling against paternal authority, Socrates has already put himself on the side of the fathers. Now, as Aristophanes recognized, that is hardly the role expected of the philosopher, who is understand-

16 This is the provision laid down in the penal code of Plato's *Laws* (866a–b, cf. 871a–c).

17 The family members are united, as Fustel de Coulanges describes it, "by something more powerful than birth, affection, or physical strength" – by "the religion of the sacred fire, and of dead ancestors" (*The Ancient City*, p. 42). It is only by extension that the city could be understood as "the collective group of those who had the same protecting deities, and who performed the religious ceremony at the same altar" (p. 146).

bereits auf die Seite der Väter gestellt. Nun ist dies kaum, wie Aristophanes erkannte, die Rolle, die man von dem Philosophen erwartet, der von den Vätern verständlicherweise verdächtigt wird, die Jugend zu verderben. Sokrates' Reaktion auf Euthyphron wird indes durch die gefährliche Verbindung hervorgerufen, die der Seher zwischen dem radikalen Prinzip, das er sich bei der Rechtfertigung seiner Handlung zu eigen macht, und dem Gehalt herstellt, den er ihm gibt, seinem buchstäblichen Verständnis der traditionellen – strafenden – Götter.[18] Sokrates' Ziel besteht in dem Gespräch erkennbar darin, den jungen Mann in den Schoß der allgemein akzeptierten Meinung zurückzubringen. Der Dialog offenbart gewiß auch, wieviel Sokratische Philosophie im Umlauf ist und damit ein Faktor sein könnte, der, wenngleich unbeabsichtigt, zu der partiellen und deshalb gefährlichen Befreiung beiträgt, die Euthyphron zu seinem vermeintlich freigeistigen Plan geführt hat.

Der Glaube seiner Familie, es sei unfromm, wenn ein Sohn gegen seinen eigenen Vater vor Gericht zieht, erfüllt Euthyphron mit Verachtung, weil sie so wenig wissen, »wie das Göttliche sich verhält, was Frommes und Unfrommes betrifft« (4e). Ohne es zu bemerken, ist Euthyphron über eine tiefgreifende Frage gestolpert: Was genau ist »das Göttliche« und wie verhält es sich zum Frommen? Sokrates, der

---

18 Euthyphron erscheint wie ein Mitglied der von Maimonides beschriebenen Klasse, die den Wahrsager oder Auguren einschließt, in welchem der »intellektuelle Überfluß« nur das imaginative und nicht das rationale Vermögen erreicht: »Sie bringen große Verwirrung in spekulative Angelegenheiten von großer Bedeutung, wahre Vorstellungen vermischen sich in ihrem Sinn merkwürdig mit eingebildeten« (*Guide of the Perplexed* II.37. Übers. Shlomo Pines. Chicago 1963, S. 374).

ably suspected by the fathers of corrupting the young. Socrates' reaction to Euthyphro is called for, however, by the dangerous connection the seer has forged between the radical principle he will espouse in justification of his action and the content he gives it, with his literal understanding of the traditional – punitive – gods.[18] Socrates' aim in the conversation is clearly to bring this young man back into the fold of generally accepted opinion. Of course, the dialogue also reveals how much Socratic philosophy is in the air, and hence perhaps a contributing factor, albeit unintentional, in the partial, and therefore dangerous, liberation that has led Euthyphro to his supposedly free-thinking plan.

His family's belief that it is unholy for a son to prosecute his own father fills Euthyphro with contempt for how little they know about "the divine, how it stands concerning the holy and the unholy" (4e). Euthyphro has stumbled unawares on a deep question: What exactly is "the divine" and how is it related to the holy? Socrates, who must have that question in mind, expresses his astonishment to the seer: By Zeus!, do you really believe you have such

18 Euthyphro looks like a member of the class Maimonides describes, including the soothsayer or augur, in whom the "intellectual overflow" reaches only the imaginative and not the rational faculty: "They bring great confusion into speculative matters of great import, true notions being strangely mixed up in their minds with imaginary ones" (*Guide of the Perplexed* II. 37, trans. Shlomo Pines. Chicago 1963, p. 374).

diese Frage im Sinn haben muß, bringt gegenüber dem Seher sein Erstaunen zum Ausdruck: Bei Zeus!, glaubst du wirklich, so genaues Wissen von den göttlichen Dingen zu haben, daß du nicht fürchtest, etwas Unfrommes zu tun?

Die hier einsetzende Untersuchung zerfällt in zwei Hälften. Die erste widmet sich einer Suche nach der *idea* des Frommen; sie erreicht ihren Höhepunkt mit der Frage, ob ein Gott einer solchen *idea* untergeordnet oder vielmehr deren Quelle wäre, was letztlich, wenn auch nur implizit, auf die Frage: Was ist Gott? verweist. Euthyphrons Unfähigkeit, die Implikationen dieses Arguments zu erfassen, beendet die Suche nach einer *idea* des Frommen und führt dazu, daß etwas ganz anderes an ihre Stelle tritt – eine Untersuchung der Gottesfurcht in der Stadt und ihrer Beziehung zur Gerechtigkeit. Die Handlung des Dialogs bewegt sich in den beiden Hälften von einem radikalen Ausgangspunkt, an dem Euthyphron sich auf die Ebene des Göttlichen stellt, zu einem die konventionellste Auffassung von Gottesfurcht bestätigenden Schluß, der von einer vollständigen Unterordnung der Menschen unter die Götter ausgeht: bei Sokrates' strategischem Bemühen, dem Seher die Prätentionen auf Wissen zu nehmen, wird das Fromme vom Himmel in die Häuser und Städte herab geholt.[19] Diese Bewegung erweist sich gleichzeitig als eine Entwicklung im Selbstverständnis des Philosophen.

19 In Ciceros wohlbekannter Beschreibung hat Sokrates »als erster die Philosophie vom Himmel herunter gerufen, sie in den Städten angesiedelt, sie sogar in den Häusern eingeführt und sie gezwungen, nach dem Leben, den Sitten und dem Guten und Schlechten zu forschen.« (*Tusculanae Disputationes* V.4.10–11. Übers. Olof Gigon. Darmstadt ⁷1998, S. 325.)

precise knowledge about the divine things that you are not afraid of doing something unholy?

The inquiry that opens up from here is divided in two halves. The first undertakes a search for the *idea* of the holy; it reaches its peak with the question whether a god would be subordinate to such an *idea* or rather the source of it, which ultimately points, if only implicitly, to the question, What is god? Euthyphro's failure to grasp the implications of that argument brings an end to the search for an *idea* of the holy and its replacement by something quite different – an examination of piety in the city and its relation to justice. The action of the dialogue, as it traverses these two halves, moves from a radical starting point, in which Euthyphro places himself on the level of the divine, to a conclusion affirming the most conventional understanding of piety, which assumes the complete subordination of humans to gods: in Socrates' strategic effort to deprive the seer of his pretentions to knowledge, the holy is dragged down from the heavens into the homes and cities.[19] That movement turns out to be, at the same time, a development in the philosopher's self-understanding.

19 In Cicero's well known description, Socrates "first called philosophy down from heaven, and gave it a place in the cities, and introduced it even into men's homes, and forced it to make inquiry into life, and morals, and things good and evil" (*Tusculan Disputations* V.4.10–11).

II. Was ist das Fromme?

Sokrates beginnt nicht mit der Frage nach dem Göttlichen im Verhältnis zum Frommen, sondern mit dem Verbrechen der Gottlosigkeit (*asebeia*), aufgrund dessen ihm der Prozeß gemacht werden wird: Bei Zeus, fleht er Euthyphron an, worin besteht deiner Meinung nach das Gottesfürchtige und das Gottlose (*to eusebes* und *to asebes*, 5c) in bezug auf Mord und alles übrige? Diese beiden Begriffe, die menschliche Haltungen oder Praktiken betreffen, tauchen in der ersten Hälfte des Dialogs nicht wieder auf. Tatsächlich läßt Sokrates seine anfängliche Frage fallen, noch bevor er Euthyphron Gelegenheit zur Antwort gegeben hat, und stellt statt dessen unmittelbar eine abstraktere und dunklere Frage: Ist nicht das Fromme (*to hosion*) in jeder Handlung sich selbst gleich und das Unfromme (*to anhosion*) ihm vollkommen entgegengesetzt, so daß es Eine *idea* hat (5d)? Was also sagt Euthyphron, daß das Fromme und das Unfromme seien?[20]

20 Alle Verweise auf *idea* oder *eidos* tauchen hier, am Beginn der Untersuchung (5d, 6d, 6e), in Verbindung mit *to hosion* und *to anhosion* auf, während sie in der zweiten Hälfte des Dialogs, in dem *asebeia* und *eusebeia* wieder auftauchen, fehlen. Thomas und Grace West übersetzen *hosion* mit »pious«, demselben Wort, das sie für *eusebes* verwenden, obwohl dieser Begriff, wie sie erklären, »die Ehrerbietung und Achtung, sogar die Furcht hervorhebt, die man gegenüber den Göttern fühlt oder fühlen sollte« (*Four Texts on Socrates*. Ithaca 1984, S. 46, Anm. 18, cf. S. 45, Anm. 17). In der bündigen Aussage von Isokrates: »nichts zu verändern von dem, was die Vorfahren hinterlassen haben – dies ist *eusēbeia*« (Isokrates 7.30, zit. nach Walter Burkert: *Griechische Religion der archaischen und klassischen Epoche*. Stuttgart 1977, S. 409).

II. What is the Holy?

Socrates begins, not with the question of the divine 5c–6d in relation to the holy, but with the crime of impiety (*asebeia*), for which he will be put on trial: By Zeus, he implores Euthyphro, regarding murder or anything else, what sort of thing do you say the pious and the impious are (*to eusebes* and *to asebes*, 5c)? Those terms, which concern human attitudes or practices, never recur in the first half of the dialogue. Indeed, Socrates drops his initial query even before giving Euthyphro a chance to respond, and immediately poses instead a more abstract and obscure question: Isn't the holy (*to hosion*) the same as itself in every action, and the unholy (*to anhosion*) completely the opposite, having some one *idea* (5d)? What, then, does Euthyphro say the holy and the unholy are?[20]

20 All references to the *idea* or *eidos* occur here, at the beginning of the inquiry (5d, 6d, 6e), in connection with *to hosion* and *to anhosion*, while they are absent from the second half of the dialogue, when *asebeia* and *eusebeia* come back. Thomas and Grace West translate *hosion* as "pious," which is the same term they use for *eusebes* although, as they explain, the latter notion "emphasizes the reverence and respect, even fear, which one feels or ought to feel toward the gods" (*Four Texts on Socrates*. Ithaca 1984, p. 46 n. 18, cf. p. 45 n. 17). In the striking statement of Isocrates: "To change nothing of what our forefathers have left behind – this is *eusebeia*" (*Speeches* 7.30, cited in Walter Burkert, *Greek Religion*, trans. John Raffan. Cambridge 1985, p. 273).

Euthyphron, von den vielen Rätseln in Sokrates' Frage oder Folge von Fragen nicht weiter beunruhigt,[21] antwortet bereitwillig und ohne Zögern: das Fromme ist, »was ich eben jetzt tue«, das heißt, denjenigen verfolgen, der ungerecht handelt (5d–e). Bei dem, was er tut – buchstäblich »macht« (*poiein*) –, handelt es sich um einen Akt strafender Gerechtigkeit; was es aber in Euthyphrons Verstand fromm macht, ist das göttliche Vorbild, wie er Sokrates erklärt, indem er ihn an die von Hesiod erzählten Sagen erinnert.[22] Zeus, anerkanntermaßen der beste und gerechteste der Götter, legte seinen Vater Kronos in Fesseln, weil dieser ungerecht gehandelt hatte. Kronos hatte von seinen Eltern erfahren, daß es ihm bestimmt sei, von seinem eigenen Sohn überwunden zu werden. Er versuchte, dieser Bestimmung

---

21 Nachdem er seine Frage nach dem Gottesfürchtigen und dem Gottlosen fallen gelassen hat, fragt Sokrates genauer: »Ist nicht das Fromme in jeder Handlung sich selbst gleich und das Unfromme wiederum allem Frommen entgegengesetzt und sich selbst ähnlich, so daß alles, was unfromm sein soll, soviel nämlich seine Unfrömmigkeit betrifft, eine gewisse Gestalt/*idea* hat?« (5d). Wenn das Fromme ein und dasselbe in allen Fällen ist, warum ist das Unfromme nur sich selbst *ähnlich*? Und warum gibt es dann nur eine *idea* für das Unfromme, wie Sokrates zu sagen scheint? Ist damit impliziert, daß das Fromme immer vor allem eine Sache des Verbots ist, weswegen wir uns am Negativen orientieren? Wenn Sokrates etwas später zu der Frage zurückkehrt, »erinnert« sich Euthyphron tatsächlich, daß er sagte, »die unfrommen Dinge sind unfromm und die frommen fromm, einer gewissen *idea* wegen« (6d). Wie Euthyphrons vorgeschlagene Definition andeutet, ist in diesem Fall alles, was nicht fromm ist, notwendig unfromm, und es gibt keinen neutralen Boden (siehe 6e und Sokrates' Revision in 7a).

22 Siehe *Theogonie* 154–210 und 453–506.

Undisturbed by the many puzzles in Socrates' question, or sequence of questions,[21] Euthyphro is ready to answer without hesitation: the holy is "the very thing I am now doing," that is, prosecuting the one who is acting unjustly (5d–e). What he is doing – literally, "making" (*poiein*) – is an act of punitive justice; but what makes it holy in Euthyphro's mind is its divine model, as he explains by reminding Socrates of the tales recounted by Hesiod.[22] Zeus, who is acknowledged to be the best and most just of the gods, put in bonds his father, Cronos, for acting unjustly. Cronos had learned from his parents that he was destined to be overcome by his own son. He tried to prevent that des-

21 After dropping his question about the pious and impious, Socrates asks, more precisely: Isn't the holy itself the same as itself in every action, and the unholy again completely the opposite of the holy, itself like itself, all having some one *idea*, whatever is to be unholy (5d)? If the holy is one and the same class characteristic in every instance, why is the unholy only *like* itself? And why, then, is there an *idea* only, as Socrates seems to say, for that which is unholy? Is the implication that the holy is always primarily a matter of prohibition, hence we take our bearings from the negative? In fact, when Socrates returns to the question moments later, Euthyphro "remembers" that he said "somehow by one *idea* the unholy things are unholy and the holy things holy" (6d). In that case, as Euthyphro's proposed definition indicates, everything that is not holy is necessarily unholy and there is no neutral territory (see 6e and Socrates' revision at 7a).

22 See *Theogony* 154–210 and 453–506.

dadurch zu entgehen, daß er jedes seiner Kinder verschlang, sobald sie geboren waren; Zeus jedoch wurde bei der Geburt gerettet: an seiner Stelle verschlang Kronos einen großen Stein, den man ihm gegeben hatte, so daß der junge Gott überlebte und die Herrschaft seines Vaters umstürzen konnte. Kronos seinerseits hatte an seinem eigenen Vater noch schrecklicher gehandelt: Uranos, der Himmel, fühlte sich durch die Geburt seiner Kinder so bedroht, daß er versuchte, jedes Neugeborene zurück in die Mutter Erde zu schieben, bis diese sich mit ihrem Sohn Kronos verschwor und ihm eine Sichel gab, mit deren Hilfe es ihm gelang, seinen Vater zu kastrieren. In diesem ödipalen Drama, das Hesiod von der ersten Göttergeneration austragen läßt und das Euthyphron sich zum Vorbild nimmt, wird die kosmologische Trennung des Himmels von der Erde durch die psychologische Darstellung eines Sohnes, der seinen Vater gewaltsam von der Vereinigung mit seiner Mutter abschneidet, interpretiert.

Euthyphrons leidenschaftlicher Eifer für die Gerechtigkeit – wenn auch im besonderen für die strafende Gerechtigkeit und noch genauer für die Bestrafung der Ungerechtigkeit seines Vaters – ist es, der seinen, auf das Paradigma des höchsten Gottes gegründeten Begriff des Frommen bestimmt. Zeus offenbart sich Euthyphron durch die Geschichte des Dichters, aus welcher der Seher ein Gesetz ableitet – das Wort *nomos* erscheint hier zum ersten und einzigen Mal im Dialog: jeder, der gottlos handelt, muß bestraft werden, wer er auch sein mag (5e).[23] Die

---

23 Wirklich bestrafte Zeus seinen Vater, genauso wie Euthyphron seinen Vater bestrafen will, weil er *ungerecht* gehandelt hatte (5d, 6a), und später beruft Euthyphron sich darauf, daß alle Götter darin überein-

tiny by devouring each of his children as they were born, but Zeus was rescued at birth, and a great stone given to Cronos to swallow in his place, leaving the young god behind to overturn his father's reign. Cronos had in turn acted even more terribly against his own father: Uranus, that is, Heaven, was so threatened by the birth of his children that he tried to shove each newborn back into their mother Earth, until she, scheming with her son Cronos, provided him with a sickle, with which he succeeded in castrating his father. The cosmological separation of Heaven from Earth is interpreted as a psychological account of a son violently separating his father from union with his mother in the Oedipal drama Hesiod stages among the first generations of the gods, which Euthyphro has adopted as his model.

It is Euthyphro's passionate devotion to justice – if specifically punitive justice, and more specifically, punishment of his father's injustice – that determines his conception of the holy, based on the paradigm of the highest god. Zeus reveals himself to Euthyphro through the poet's story, from which the seer derives a law – the word *nomos* appears here for the first and only time in the dialogue: anyone acting impiously must be punished, whoever he may be (5e).[23] The dramatic action of the *Euthyphro* takes place within the

23 Actually, Zeus punished his father, just as Euthyphro wants to punish his father, for acting *unjustly* (5d, 6a), and Euthyphro later appeals to the agreement of all gods about

dramatische Handlung des *Euthyphron* findet im Horizont eines allumfassenden Gesetzes statt, das gleichzeitig religiös, politisch und moralisch ist;[24] doch die einzige Erwähnung von *nomos* in den Reden des Dialogs ist ausschließlich auf die Bestrafung gerichtet. Euthyphron hat, so scheint es, die besondere Verbindung zwischen den Göttern der Dichter und dem Gesetz der Stadt aufgedeckt. Die Dichter schildern nicht nur Götter, welche die Gerechtigkeit verteidigen,

stimmen, es sei notwendig, den zu bestrafen, der *ungerechterweise* tötet (8d). Indem er den *nomos* formuliert, der die Bestrafung eines jeden verlangt, der *gottlos* handelt, setzt der Seher etwas als selbstverständlich voraus, von dem Sokrates meint, daß es einer ausführlichen Prüfung bedürfe – daß nämlich jede gottlose Handlung ungerecht ist. – In dem Platonischen Dialog, in dem die Frömmigkeit (*hosiotēs*) einen der seltenen Auftritte als Tugend hat, beendet der Sophist Protagoras seine Erzählung vom Ursprung der Stadt, indem er Zeus sprechen läßt, wie dieser das Gesetz (*nomos*) festlegt und über jeden die Strafe des Todes verhängt, der zu Scham und Gerechtigkeit unfähig ist (*Protagoras* 322d).

24 Dieser Horizont spiegelt den Begriff des göttlichen Gesetzes wider, in dem Strauss »den gemeinsamen Boden von Bibel und griechischer Philosophie« sieht. Genauer gesagt, ist dieser gemeinsame Boden das *Problem* des göttlichen Gesetzes, welches die beiden Traditionen »in einander diametral entgegengesetzter Weise« lösen. (*Progress or Return?* in *The Rebirth of Classical Political Rationalism*. Chicago 1989, S. 248; cf. Rémi Bragues Erörterung in *La Loi de Dieu*. Paris 2005, besonders S. 31). Wie auch immer man das göttliche Gesetz im historischen Athen verstanden haben mag, auf seine Bedeutung in Platons *Nomoi* deutet die Bemerkung Avicennas hin, die Strauss als Motto für seine Studie des Dialogs verwendet: »… die Behandlung der Prophetie und des Göttlichen Gesetzes ist in den *Nomoi* enthalten« (*The Argument and the Action of Plato's »Laws«*. Chicago 1975, S. 1). Zur Bedeutung, die Strauss' Entdeckung dieser Zeile hat, siehe Meier: *Das theologisch–politische Problem*, S. 25–27.

horizon of an all-encompassing law that is at once religious, civil, and moral;[24] yet the one mention of *nomos* in the speeches of the dialogue is focused exclusively on punishment. Euthyphro has, it seems, uncovered the special link between the gods of the poets and the law of the city. The poets depict not only gods who defend justice but also gods who embody the beautiful; it is divinities con-

the need to punish one who kills *unjustly* (8b). In formulating the *nomos* that demands punishment of anyone acting *impiously*, the seer takes for granted what Socrates will find it necessary to examine at length – that all impious action is unjust. – In the Platonic dialogue where holiness (*hosiotēs*) makes a rare appearance as a virtue, the Sophist Protagoras ends his tale of the origin of the city by speaking in the voice of Zeus, as he lays down the law (*nomos*) imposing the punishment of death on anyone incapable of partaking of shame and justice (*Protagoras* 322d).

24 This horizon reflects the notion of divine law, in which Strauss finds "the common ground between the Bible and Greek philosophy." More precisely, that common ground is the *problem* of divine law, which the two traditions solve "in a diametrically opposed manner" ("Progress or Return?," in *The Rebirth of Classical Political Rationalism*, ed. Thomas Pangle. Chicago 1989, p. 248; cf. Rémi Brague's discussion in *La Loi de Dieu*. Paris 2005, especially p. 31). However divine law may be understood in historical Athens, its significance in Plato's *Laws* is indicated by Avicenna's remark, which Strauss uses as the epigraph for his study of the dialogue: "… the treatment of prophecy and the Divine law is contained in … the *Laws*" (*The Argument and the Action of Plato's "Laws."* Chicago 1975, p. 1). On the importance of Strauss's discovery of this line, see Meier, *Leo Strauss and the Theologico-Political Problem*, pp. 12–13.

sondern auch Götter, welche das Schöne verkörpern; für die Stadt sind indessen die Gottheiten von Nutzen, die mit Bestrafung verknüpft sind und nicht die mit der Erfahrung des Eros verbundenen, und ein Philosoph, der die Legitimität von Bestrafung in Frage stellte, konnte diese aus Prinzip nicht akzeptieren.[25] Bei seinem Prozeß unternimmt Sokrates nicht einmal den Versuch, sich gegen die Anschuldigung zu verteidigen, daß er nicht an die Götter der Stadt glaubt. Statt dessen hebt er die Unwissenheit seines Anklägers hervor, der nicht weiß, ob das Verbrechen des Philosophen darin besteht, nicht an die Götter der Stadt zu glauben, wie die offizielle Anschuldigung lautet, oder darin, überhaupt nicht an Götter zu glauben. Das scheinbar zufällige Abgleiten des Anklägers aus der einen Formulierung in die andere zeigt eine tiefe Verwirrung hinsichtlich des Göttlichen: ist es der politischen Autorität der Stadt untergeordnet oder geht es über sie hinaus?[26]

25 Man muß hierbei Sokrates' Argument im *Kriton* (Anm. 32) berücksichtigen. Maimonides unterscheidet zwischen den richtigen Meinungen, die das Gesetz übermittelt, wie dem Glauben an die Einheit und Ewigkeit und Unkörperlichkeit der Gottheit, und denjenigen Glaubensvorstellungen, die »um des politischen Wohlergehens willen notwendig« sind, wie dem »Glauben, daß Er, gepriesen mag Er sein, denen, die Ihm ungehorsam sind, heftig zürnt, und daß es deshalb notwendig ist, Ihn zu fürchten und Angst vor Ihm zu haben und Sorge zu tragen, nicht ungehorsam zu sein« (*Guide of the Perplexed* III. 28, S. 514).

26 Siehe *Apologie* 24b, 26b–27a. Varros *theologia tripertita*, die in Augustinus' kritischer Erörterung erhalten geblieben ist (*De Civitate Dei* VI.5), unterscheidet bekanntlich drei Kategorien: die Götter der Dichter, die Götter der Philosophen und die Götter der Stadt. Bei den Göttern der Dichter fand Varro »viele Erdichtungen, die gegen die

nected with punishment, however, not with the experience of eros, that are of use to the city, and a philosopher who questioned the legitimacy of punishment could not in principle accept them.[25] At his trial, Socrates does not even try to defend himself against the charge of not believing in the gods of the city. Instead, he brings to light the igno-rance of his accuser, who does not know whether the philosopher's crime is not believing in the gods of the city, as the official charge runs, or not believing in gods at all. The accuser's seemingly accidental slip from the one formula to the other exhibits a deep confusion about the divine: is it subordinate to or does it transcend the political authority of the city?[26]

---

25 Consider Socrates' argument in the *Crito* (note 32). Maimonides distinguishes between the correct opinions that the Law communicates, like the belief in the unity and eternity and non-corporeality of the deity, and those beliefs that are "necessary for the sake of political welfare," such as the "belief that He, may He be exalted, is violently angry with those who disobey Him and that it is therefore neces-sary to fear Him and to dread Him and to take care not to disobey" (*Guide of the Perplexed* III.28, p. 514).

26 See *Apology* 24b, 26b–27a. Varro's *theologia tripertita*, preserved in Augustine's critical discussion (*The City of God* VI.5), famously distinguishes three categories: the gods of the poets, the gods of the philosophers, and the gods of the city. In the gods of the poets, Varro found "many false-hoods contrary to the dignity and nature of immortal

Wie der göttliche Status von Zeus auch zu verstehen sein mag, Euthyphron ist aufgebracht darüber, daß die Menschen ihn für den besten und gerechtesten der Götter halten, den Seher aber tadeln, wenn er in genau derselben Weise gegen die Ungerechtigkeit seines Vaters vorgeht: mit welchem Recht behandeln sie ihn so anders als die höchste Gottheit! Sokrates stellt nicht das Prinzip, dem Euthyphron folgt, in Frage, sondern nur dessen Gehalt: Wird er nicht eben deswegen, weil er diese Geschichten über die Götter nicht akzeptieren kann, vor Gericht gezerrt? Ohne eine Antwort auf die von ihm gestellte Frage abzuwarten, erinnert Sokrates sich selbst an die für ihn charakteristische Behauptung, daß er nichts über diese Dinge weiß und deswegen, wie es scheint, das große Bedürfnis hat, von dem Seher zu lernen, der in dieser Hinsicht über solch ein besonderes Wissen verfügt.[27] Bei Philios! beschwört ihn Sokrates

Würde und die Natur der Unsterblichen verstoßen«, unter den Göttern der Philosophen verstand er die natürlichen Prinzipien – wie das Feuer Heraklits, die Zahlen des Pythagoras oder die Atome Epikurs –, die in die Mauern der Schule gehören und nicht auf das Forum; die Sorge der Bürger und der Priester gilt den Göttern der Stadt, denen in öffentlichen Riten und Opfern Verehrung erwiesen wird.

27 Im *Kusari* führt Jehuda Halevi Sokrates' scheinbar bescheidene Erklärung an: »Oh mein Volk, ich leugne dein Wissen von den Göttern nicht, doch ich bekenne, daß ich es nicht verstehe. Was mich betrifft, so bin ich nur weise in Hinsicht auf die menschlichen Dinge« (IV.13; David Cassel: *Das Buch Kusari des Jehuda ha-Levi.* Leipzig 1869, S. 327). In seinem Kommentar stellt Strauss die Frage, ob eine solche »bloß defensive Haltung seitens des Philosophen« wirklich eine Möglichkeit ist (*The Law of Reason in the »Kuzari«*, in *Persecution and the Art of Writing.* Glencoe 1952, S. 105–107, siehe besonders Anm. 33.)

However the divine status of Zeus is to be understood, Euthyphro is enraged that people consider him the best and most just of the gods, yet they rebuke the seer for acting exactly the same way in proceeding against his father's injustice: by what right do they treat him so differently from the highest deity! Socrates does not question the principle Euthyphro is following, but only the content: Isn't it precisely because he cannot accept these stories of the gods that he is being dragged into court? Without waiting for an answer to the question he poses, Socrates reminds himself of his characteristic claim to know nothing of these matters, hence the great need, as it seems, to learn from the seer, who has such special knowledge.[27] By Philios!, Socrates swears (6b) – appealing, most inap-

---

beings"; by the gods of the philosophers, he understood the natural principles – like Heraclitean fire, Pythagorean numbers, or Epicurean atoms – which belong inside the walls of a school, not in the forum; it is the gods of the city – those worshipped in public rites and sacrifices – that are the concern of the citizens as well as the priests.

27 In the *Kuzari* Yehuda Halevi presents Socrates' apparently moderate declaration: "O my people, I do not deny your knowledge of the gods, but I confess that I do not understand it. As for me, I am only wise in human matters" (IV.13, trans. Hartwig Hirschfeld, New York 1964, p. 272). Commenting on this passage, Strauss raises the question whether such a "merely defensive attitude on the part of the philosopher" is really a possibility ("The Law of Reason in the *Kuzari*," in *Persecution and the Art of Writing*. Glencoe 1952, pp.105–7, see especially n. 33).

(6b) – sich hier, höchst unangemessen, auf Zeus als den Gott der Freundschaft berufend: Glaubt Euthyphron wirklich, daß zwischen Olympiern und Titanen einst ein großer Krieg stattgefunden habe? Hesiods Geschichte, die den Familienzwist zwischen Zeus und seinem Vater in einen größeren Rahmen einordnet,[28] wird, wie Sokrates anmerkt, auf dem bei den Großen Panathenäen verwendeten Gewand der Athena dargestellt; sie wird also durch die Stadt in ein öffentliches Fest verwandelt, das alle Bürger zusammenführt, obwohl wahrscheinlich niemand wie Euthyphron an die Realität der gefeierten Ereignisse glaubt. Der Seher verspricht sogar, noch mehr wunderbare göttliche Dinge erzählen zu können: er muß den Philosophen zumindest zu diesem Zeitpunkt für würdig halten, in das esoterische Wissen, das er besitzt, eingeweiht zu werden.

Man erhält einen Hinweis auf die Antwort, die man von dem Philosophen hätte erwarten können, im zweiten Buch der *Politeia*, wo Sokrates die Notwendigkeit einer Zensur der Dichtung erörtert, als stünde ihm genau Euthyphrons Situation vor Augen: die Erzählung des Dichters über Zeus, der seinen Vater Kronos attackiert, und Kronos, der seinerseits Uranos attackiert, könnte junge Männer glauben machen, wenn sie ungerechte Handlungen ihrer Väter bestrafen, täten sie nur das, was man auch von den größten Göttern erzählt.[29] Und doch erkennt Sokrates bei

28 Siehe *Theogonie* 621–819.

29 Siehe *Politeia* 377e–378e. Aristophanes' Ungerechte Rede verhöhnt die Gerechte Rede, die behauptet, daß es zumindest bei den Göttern Gerechtigkeit gebe: »Warum ist es längst nicht um Zeus, der in Fesseln seinen Vater doch schlug, geschehn?« (*Die Wolken* 903–905. Übers. Ludwig Seeger. Zürich/Stuttgart 1968).

propriately, to Zeus the god of friendship: Does Euthyphro really believe that a great war once took place between the Olympians and the Titans? Hesiod's story, which magnifies the family quarrel between Zeus and his father on a grand scale,[28] is represented, as Socrates notes, on the robe of Athena, used in the Great Panathenaea; it is transformed by the city into a public festival that brings all the citizens together, though none, presumably, believe as Euthyphro does in the reality of the celebrated events. The seer promises even more wondrous divine things he could recount: he must deem the philosopher worthy, at this point at least, of being initiated into the esoteric knowledge he possesses.

The response one might have expected from the philosopher is indicated in the second book of the *Republic*, where Socrates discusses the need for censorship of poetry as if he had precisely the situation of Euthyphro in mind: the poet's tale of Zeus attacking his father Cronos, and Cronos in turn attacking Uranus, might lead young men to believe that in punishing their fathers' acts of injustice, they would only be doing what the greatest of the gods are said to do.[29] And yet, Socrates acknow-

---

28 See *Theogony* 621–819.

29 See *Republic* 377e–378e. Aristophanes' Unjust Speech taunts Just Speech, who claims that justice exists at least among the gods: Why, then, didn't Zeus perish when he bound his father? (*Clouds* 903–905).

dieser Gelegenheit an, daß darunter vielleicht eine Bedeutung (*hyponoia*) verborgen sein mag, die das dichterische Werk zu einer möglichen Quelle von Erleuchtung machte. Hesiods Erzählung über die ersten Göttergenerationen wirft Licht auf das Bedürfnis nach den fundamentalen Verboten, insbesondere des Inzests und des Vatermords; das Gedicht offenbart etwas über die menschlichen Leidenschaften, die das Gesetz eben dadurch verdeckt, daß es die Handlungen, die durch sie motiviert sind, verbietet. Eine Betrachtung der *hyponoia* des Dichters hätte Sokrates veranlassen können, Euthyphron den Gedanken nahezubringen, daß Hesiods Zeus, der seinen Vater in Fesseln schlägt, kein nachahmenswertes Vorbild ist, sondern ein Bild, von dem er etwas über den Antagonismus zwischen Söhnen und Vätern lernen könnte. Sokrates scheint von Anfang an zu erkennen, daß dies genau das Gegenteil der Strategie ist, die er verfolgen sollte. Euthyphron ist kein Kandidat für Selbsterkenntnis, und er muß auf andere Weise aus seinen olympischen Höhen herabgeholt werden. Das geeignete Mittel findet Sokrates in der *idea* des Frommen, die durch die Unterordnung der Götter Euthyphron ihnen gegenüber Zügel anlegen könnte.

Welche wunderbaren göttlichen Dinge der Seher auch wissen mag, Sokrates ist an etwas anderem interessiert – an der Form selbst (*auto to eidos*), aufgrund deren alle frommen Dinge fromm sind (6d). Er suche nach einer *idea*, erklärt Sokrates, die als Vorbild für jede als fromm zu bezeichnende Handlung gelten könne. Tatsächlich hat Euthyphron gerade ein solches Paradigma geliefert. Hätte er die Bedeutung seiner ursprünglichen Antwort – er tue, was der größte Gott tat – verstanden, dann hätte er die Form erkannt, die sie beispielhaft verkörpert: das Fromme ist

ledges on that occasion, there may be some under-lying meaning (*hyponoia*) that would make the poet's work a possible source of illumination. Hesiod's tale about the first generations of the gods sheds light on the need for the fundamental prohi-bitions, in particular, of incest and parricide; the poem reveals something about the human passions that the law covers over precisely while it forbids the actions motivated by them. A consideration of the poet's *hyponoia* might have led Socrates to pro-pose to Euthyphro that Hesiod's Zeus, who puts his father in bonds, is not a model to be imitated, but a portrait from which he could learn something about the antagonism between sons and fathers. Socrates seems to realize from the outset that this is just the opposite of the strategy he should follow. Euthyphro is not a candidate for self-knowledge, and he must be pulled down from his Olympian heights in some other way. Socrates finds the proper means in the *idea* of the holy, which in sub-ordinating the gods might set constraints on Euthyphro with them.

Whatever wondrous divine things the seer may know, Socrates is interested in something else – the form itself (*auto to eidos*) by which all the holy things are holy (6d). He is seeking an *idea*, Socrates explains, that would serve as a model for any action that can count as holy. In fact, Euthy-phro has furnished just such a paradigm. Had he understood the significance of his initial response – he is doing what the greatest god did – he would have recognized the form it instantiates: the holy is

Nachahmung Gottes.[30] Wenn es letztlich zwei mögliche Beziehungen zum Göttlichen gibt, dann leugnet die eine – *imitatio dei* – die unüberbrückbare Kluft zwischen Mensch und Gott und die andere – Gehorsam gegenüber dem göttlichen Gebot – beharrt auf ihr. Der Seher nimmt an, daß der Philosoph wie er die gehorsame Unterordnung unter das göttliche Gebot scheut und seinen besonderen Status vielmehr durch eine Art Angleichung an Gott ausdrücken will. Nun beschreibt Sokrates in Buch VI der *Politeia* in der Tat den Philosophen, wie er das Göttliche und Wohlgeordnete betrachtet und sich ihm so weit als möglich ähnlich macht (500b–d); aber das »Göttliche und Wohlgeordnete« ist nicht notwendig ein individueller, lebendiger Gott.[31] Das Prinzip der Nachahmung Gottes setzt eine Antwort auf die Frage

30 Die in Euthyphrons ursprünglicher Antwort implizierte Definition steht, wie Strauss bemerkt, im Gegensatz zur orthodoxen Auffassung, nach der Gottesfurcht ist zu tun, was die Götter uns zu tun heißen, was bedeutet, die Götter der Ahnen nach dem Brauch der Ahnen zu verehren (*An Untitled Lecture on Plato's »Euthyphron«*, S. 13). In seinem Kommentar zur Analyse der dichterischen Nachahmung in *Politeia* X unterscheidet Benardete die zwei Prinzipien der Gottesfurcht in der doppelten Funktion der Dichtung: »Sie unterstützt das Gesetz durch ihre Götter, die den Sterblichen gebieten, sterbliche Gedanken zu denken; und sie untergräbt das Gesetz durch ihre Götter, denen sie als Wesen dient, welchen man nacheifern muß« (*Socrates' Second Sailing: On Plato's »Republic«*. Chicago 1989, S. 218). David Daube macht die vielleicht überraschende Beobachtung, daß es im Pentateuch »kein einziges ausdrückliches Beispiel« für Gott als ein nachzuahmendes Vorbild gibt. »Du sollst heilig sein, denn ich, der Herr, bin heilig« bedeutet nicht: »Du sollst heilig sein wie ich« (*Law and Wisdom in the Bible*. West Conshohocken 2010, S. 144).

31 Bei einer Gelegenheit – tatsächlich in dem Gespräch, das Sokrates unmittelbar vor seiner Begegnung mit Euthyphron führt – empfiehlt

imitation of god.[30] If there are, ultimately, two pos-sible relations to the divine, the one – *imitatio dei* – denies an unbridgeable gap between human being and god, the other – obedience to divine command – insists on it. The seer assumes that the philoso-pher belongs with him in shunning the sub-servience of obedience to divine command, aiming instead to express his special status through some kind of assimilation to god. Now, Socrates does describe the philosopher, in Book VI of the *Repub-lic*, contemplating the divine and orderly and liken-ing himself to it as far as possible (500b–d); but "the divine and orderly" is not necessarily an individual, living god.[31] The principle of imitation of god pre-

30 The definition implied by Euthyphro's original response stands in contrast, Strauss observes, to the orthodox view, that piety is doing what the gods tell us to do, which consists in worshipping the ancestral gods according to ancestral cus-tom ("An Untitled Lecture on Plato's *Euthyphron*," p. 13). Commenting on the analysis of poetic imitation in *Republic* X, Benardete discerns these two principles of piety in the double function of poetry: "It supports the law through its gods who urge mortals to think mortal thoughts; and it sub-verts the law through its gods whom it serves up as beings to be emulated" (*Socrates' Second Sailing: On Plato's "Repub-lic."* Chicago 1989, p. 218). David Daube makes the perhaps surprising observation that in the Pentateuch there is "no single express instance" of God as a model to be followed. "You shall be holy for I the Lord am holy" does not mean "You shall be holy like me" (*Law and Wisdom in the Bible*, ed. Calum Carmichael. West Conshohocken 2010, p. 144).

31 On one occasion – in fact, the conversation Socrates holds just before this meeting with Euthyphro – he recom-

Was ist Gott? voraus. Doch für den Philosophen ist dies eine – vielleicht *die* – Frage, die sein Wissen der Unwissenheit hervorruft und bestätigt. Zumindest ist eins gewiß: wenn es einen Gott gäbe, den ein Philosoph des Nacheiferns für wert hielte, dann würde er nicht dem strafenden Gott gleichen, den Euthyphron nachahmt.

Sokrates greift das in Euthyphrons erster Antwort implizierte Prinzip des Frommen nicht auf und untersucht nicht, ob es bedeutete, daß es jenseits des Gottes, den man nachahmt, keinen höheren Maßstab gibt. Er weist jedoch auf diese Frage hin, wenn er im folgenden den Seher aus formalen Gründen dafür kritisiert, daß er keine *idea* liefert, mittels deren alle frommen Handlungen zu einer Klasse zusammengeschlossen werden könnten, und alle, die es nicht sind, ausgeschlossen würden. Euthyphron antwortet, wie Sokrates lobend sagt, »sehr schön«, doch ob sein Vorschlag – was den Göttern lieb ist, ist fromm, und was nicht, unfromm (7a) – wahr ist, bleibt abzuwarten. Nach der Formulierung des Sehers muß alles entweder fromm oder unfromm sein: alle Dinge sind durch die Haltung der Götter ihnen gegenüber bestimmt. Sokrates' vermeintliche Wiederholung – das Ding oder die Person, die den Göttern lieb ist, ist fromm, während die, welche den Göttern verhaßt ist, unfromm ist (7a) – nimmt tatsächlich eine Revision vor: er führt einen zusammengesetzten Begriff ein (*theo-*

er eine »Verähnlichung mit Gott so weit als möglich« (*Theaitetos* 176b); wenn er dies jedoch als einzigen Ausweg aus den notwendigen Übeln charakterisiert, die die »sterbliche Natur und diese Gegend« umgeben, denkt er wohl nicht an seine lebenslang geübte Praxis der Philosophie, sondern an seinen unmittelbar bevorstehenden Prozeß und an das Scheiden vom Leben, das er verlangen mag.

supposes an answer to the question, What is god? But for the philosopher this is a – possibly *the* – question that generates and confirms his knowledge of ignorance. One thing at least is certain: if there were any god a philosopher could consider worthy of emulation, it would look nothing like the punishing god Euthyphro is imitating.

Socrates does not take up the principle of the holy implied by Euthyphro's first answer and inquire whether it means there is no higher standard beyond the god one imitates. He points to that question, however, when he proceeds to criticize the seer on formal grounds, for failing to provide an *idea* by which all holy actions could be included in one class and all that are not would be excluded. Euthyphro responds "altogether beautifully," in Socrates' words of praise, though whether his proposal is true remains to be seen: what is dear to the gods is holy and what is not is unholy (7a). Everything, according to the seer's formula, must be either holy or unholy: all things are determined by the attitude of the gods. Socrates' supposed repetition – the thing, or person, dear-to-god is holy, while one hated-by-god is unholy (7a) – is in fact a revision: while introducing

6d–8b

mends "likening oneself to god as far as possible" (*Theaetetus* 176b); when he characterizes it, however, as the only escape from the necessary evils hovering around "mortal nature and this place," he must be thinking, not of his lifelong practice of philosophy, but of his imminent trial and the withdrawal from life it may require.

philes), der sich auf eine einzelne Gottheit beziehen könnte, und steckt einen neutralen Boden ab, der, weder geliebt noch gehaßt, für den Gott oder die Götter ohne Belang ist.

Die unmittelbare Frage betrifft jedoch alles, was in diese begrenzte Sphäre hineinfällt, solange es von Göttern abhängig ist, die über seinen Status streiten. Nun kann man, wenn man über Dinge wie die Ausmaße eines Gegenstandes oder sein Gewicht streitet, einen Maßstab oder eine Waage nehmen und den strittigen Punkt klären; wirkliche Feindschaft entsteht dann, wenn es kein anerkanntes Maß gibt. Und das wäre vor allem bei einem Streit hinsichtlich des Gerechten und Ungerechten, des Schönen und Häßlichen oder des Guten und Schlechten der Fall. Die Götter, so schlußfolgert Sokrates – in einer beiläufigen Bemerkung, die sich als ein Schlüssel zum Argument erweist –, liebten, was immer sie für schön oder gerecht oder gut halten, während sie das Gegenteil hassen. Einander bekriegende Götter jedoch wie die, welche sich Euthyphron durch die Geschichten der Dichter offenbart haben, kämpften über ihre Urteile hinsichtlich des Schönen, des Gerechten und des Guten untereinander in derselben Weise wie es die Menschen tun, folglich könnten sie uns keinen Maßstab liefern (7d–e). Die Handlung, die Euthyphron gegen seinen Vater beabsichtigt, wäre Zeus zweifellos lieb, Kronos aber wäre sie verhaßt, und damit erweist sie sich als fromm und unfromm zugleich. Das Kriterium, den Göttern lieb zu sein, endete lediglich im Selbstwiderspruch.

Das Problem an diesem Punkt ist vermutlich der Polytheismus der Dichter, bei dem einander widerstreitende Haltungen unter einer Vielzahl von Göttern die Möglichkeit eines autoritativen Maßstabs ausschließen. Dies würde durch den Monotheismus gelöst – zumindest ein

a compound term (*theophiles*) that could refer to a single deity, it carves out a neutral territory, neither loved nor hated, that is of no concern to god or gods.

The immediate issue, however, concerns anything that does fall within the restricted sphere, as long as it is subject to gods who dispute its status. Now, when disputes are about matters like the dimensions of an object or its weight, one can take out a ruler or a scale and settle the issue; it is when there is no agreed-upon measure that real enmity is aroused. And that would be the case above all for disputes concerning the just and unjust, the beautiful and ugly, or the good and bad. The gods, Socrates reasons – in a casual remark that proves to be a key to the argument – would love whatever they take to be beautiful or just or good, while hating the opposite. Warring gods, however, like those who have revealed themselves to Euthyphro through the poets' stories, would fight amongst themselves over their judgments of the beautiful, the just, and the good in the same way that humans do, hence they could furnish no standard for us (7d–e). The action Euthyphro is contemplating against his father would undoubtedly be dear to Zeus, but it would be hateful to Cronos, and thus turn out to be holy and not holy at once. The criterion of being dear-to-the-gods would only issue in self-contradiction.

The problem at this point is presumably the polytheism of the poets, where conflicting attitudes among a plurality of gods preclude the possi-

einziger Gott ohne inneren Mißklang. Doch vielleicht ist in dem Problem ein Vorteil verborgen, ein sehr großer Vorteil: hätten miteinander streitende Götter für Menschen, die selbständig denken, nicht etwas Befreiendes? Was, in der Tat, könnte unser Nachdenken stärker anregen als göttliche Widersprüche, wenn wir von ihnen wüßten! Sicher sind das Gerechte, das Schöne und das Gute komplex und vielfältig. Wenn die verschiedenen Götter dogmatisch auf ihren, durch diese Komplexitäten hervorgerufenen, einander widersprechenden Meinungen beharrten, dann würden sie die Situation der Menschen in der Stadt widerspiegeln; ließen sie sich darauf ein, über diese Komplexitäten bei der Suche nach der Wahrheit zu debattieren, dann wären sie eine Projektion des Bildes der Philosophen. Oder müßten die Götter der Philosophen, angenommen sie sind Wesen von höherem Rang, nicht bloß Liebhaber der Weisheit, sondern Weise sein? In diesem Fall suchten sie nicht nach Wissen über das Gerechte, das Schöne und das Gute, sondern besäßen es, und das würde die Einmütigkeit einer Vielzahl von Wissenden garantieren – oder die Übereinstimmung des Wissenden mit sich selbst. Es würde das Ziel für Menschen darstellen, die die Weisheit lieben, und den Maßstab, an dem sie jedes Wesen messen, das göttlich ist.

Mit der Forderung nach einem einheitlichen göttlichen Maß konfrontiert, beruft Euthyphron sich jedoch nicht auf Weisheit, sondern auf einen ganz anderen Grund für das Einverständnis: kein Gott würde der Behauptung nicht zustimmen, daß derjenige, der ungerechterweise tötet, bestraft werden muß. Sokrates scheint diesen Punkt zuzugeben, wenn er einräumt, daß die Götter, wie die Menschen auch, darüber streiten, ob eine bestimmte Handlung gerecht oder ungerecht ist. »Denn dieses, du Wunderbarer,«

bility of an authoritative standard. This would be solved by monotheism – at least a single god with no internal dissonance. But perhaps the problem is a benefit, a very great benefit, in disguise: would not quarreling gods be a liberating condition for human beings who think for themselves? Indeed, what could more inspire our reflection than the divine contradictions, if we were aware of them! Surely the just, the beautiful, and the good are complex and many-sided. If the various gods dogmatically insisted on their conflicting opinions generated by those complexities, they would mirror the human situation in the city; if they were engaged in debating those complexities in search of the truth, they would be a projected image of the philosophers. Or would the philosophers' gods, if they are beings of a supposedly superior rank, have to be, not lovers of wisdom, but the wise? They would be, in that case, not seekers of knowledge of the just, the beautiful, and the good, but possessors of it, and that would guaranty the unanimity of a plurality of knowers – or the self-consistency of one. It would represent the goal for human lovers of wisdom and the standard they hold up for any being that is divine.

Confronted with the demand for a unified divine measure, however, Euthyphro appeals, not to wisdom, but to a very different ground of concurrence: no god would disagree with the claim that one who kills unjustly must be punished. Socrates appears to concede the point when he admits that what the gods dispute, just as human

8b–9c

sagt er zu Euthyphron, »wagt doch wohl niemand, weder Gott noch Mensch, zu sagen, daß auch wer wirklich Unrecht getan, doch nicht Strafe leiden müsse« (8d–e). Tatsächlich gibt es aber jemanden, der dieses Prinzip bestreitet, und das ist Sokrates selbst. Wenn nach dem klassischen Argument des Philosophen alle Menschen das Gute oder die Erfüllung ihres Eigeninteresses wünschen und ungerechtes Handeln letztlich nicht in jemandes wahrem Interesse liegt, dann handelt jeder, der Unrecht tut, notwendig aus Unwissenheit; doch wenn Unwissenheit nicht gewollt ist, eine willentliche Handlung aber eine Voraussetzung für legitime Bestrafung ist, dann könnte der unwissentlich Unrecht Tuende nicht zu Recht bestraft werden.[32]

Nachdem Sokrates für einen Augenblick die Möglichkeit zugelassen hat, daß nicht die Legitimität der Bestrafung im Prinzip, sondern nur die Ungerechtigkeit eines bestimmten Falles bestritten werden könnte, erinnert er an die Herausforderung, der sich Euthyphron gegenübersieht: wenn er zeigen kann, daß alle Götter seinen Plan unterstützen, dann würde Sokrates nie aufhören, seine Weisheit zu rühmen (9a–b). Diese Erinnerung an die Handlung des Dialogs steht im quantitativen Zentrum des Werks als

32 Siehe zum Beispiel *Apologie* 25c–26a. Sokrates bringt Kriton dazu einzuräumen, daß es nicht nur immer falsch ist, Ungerechtigkeit mit ungerechtem Handeln zu vergelten, sondern auch uns zu verteidigen, indem wir auf erlittenes Böses mit bösem Tun antworten; tatsächlich ist dieses Prinzip so grundlegend, daß es niemals ein Gespräch geben kann zwischen denen, die darin nicht übereinstimmen (*Kriton* 49d), das heißt zwischen Sokrates und der Stadt, die ihn bestraft. Siehe Robert Berman: *The Socratic Principle and the Problem of Punishment*, in *The Eccentric Core. The Thought of Seth Benardete*. Hg. Ronna Burger und Patrick Goodin. South Bend 2016.

beings do, is whether a particular action is just or unjust. "Certainly, wondrous one," he addresses Euthyphro, "no one either among gods or humans dares to say that someone doing injustice ought not be punished" (8d–e). But there is in fact one very important disputant of this principle, and that is Socrates himself. If, according to the philosopher's standard argument, all human beings desire the good, or the fulfillment of their own self-interest, and acting unjustly is ultimately not in one's true interest, any wrongdoer necessarily acts out of ignorance; but if ignorance is not willed, while voluntary action is a prerequisite for legitimate punishment, the ignorant wrongdoer could not justifiably be punished.[32]

Having allowed, for a moment, that it is not the legitimacy of punishment in principle but only the injustice of a particular case that could be disputed, Socrates recalls the challenge Euthyphro faces: if he can demonstrate that all the gods support his plan, Socrates would never cease praising his wisdom (9a–b). This reminder of the action of

---

32 See, for example, *Apology* 25c–26a. Socrates leads Crito to grant that it is always wrong, not only to requite injustice by acting unjustly, but to defend ourselves when suffering bad by doing bad in return; in fact, that principle is so basic that there can never be a conversation between those who disagree on it (*Crito* 49d), that is, between Socrates and the city that punishes him. See Robert Berman, "The Socratic Principle and the Problem of Punishment," in *The Eccentric Core: The Thought of Seth Benardete*, eds. Ronna Burger and Patrick Goodin. South Bend, 2016.

Ganzem.[33] Euthyphron räumt ein, daß die Aufgabe, die Sokrates ihm zuweist, keine Kleinigkeit ist: ist sie nicht schlicht unmöglich? Wie könnte er es anstellen, einen Beweis für die Einmütigkeit der Götter zu erhalten? Das Problem, das Fromme zu definieren, würde damit jedenfalls nicht gelöst, wie Sokrates bemerkt; deshalb ist er bereit zuzugestehen, daß alle Götter den Tod des mordenden Arbeiters für ein Werk der Ungerechtigkeit halten – über die Strafverfolgung des Vaters durch Euthyphron sagt er nichts.

Mit diesem Zugeständnis können sie darangehen, die revidierte Definition zu überprüfen, die der Philosoph jetzt vorschlägt: das Fromme ist das, was *alle* Götter lieben, das Unfromme das, was *alle* hassen, während das, was einige lieben und andere hassen, keins von beiden wäre oder beides zusammen (9d).[34] Der Fall des Selbstwiderspruchs ist jetzt so irrelevant wie einer, der völlig außerhalb der Jurisdiktion der Götter liegt. Da die Einheit aller Götter Einem Gott entspräche, hat man das den Polytheismus kennzeichnende Problem hinter sich gelassen. Aber die revidierte Formel eröffnet eine fundamentalere Frage, die sich auf die göttliche Autorität in jeder Form anwenden läßt: Ist etwas fromm, *weil* es von den Göttern geliebt wird, oder wird

33 Sobald die Untersuchung des Frommen beginnt, bildet dagegen das Scheitern der Suche nach einer *idea* in 11c, markiert durch das Bild der Statuen des Dädalos, das Zentrum. Mittels dieses zweifachen Zentrums unterscheidet Platon die Reden von der Handlung des Dialogs.

34 Was die Götter »lieben«, ist genauer das, was die Götter »lieb haben« (*philein*): das ist das durchgängig in dem Argument verwendete Verb, nicht *eraō*, das im Liebenden eine Bedürftigkeit impliziert, welche durch den Gegenstand seiner Liebe erfüllt werden soll.

the dialogue comes at the quantitative center of the work as a whole.[33] Euthyphro admits that the task Socrates assigns him is no small thing: is it not simply impossible? How could he go about obtaining a proof of the gods' unanimity? It would not, in any case, solve the problem of defining the holy, as Socrates notes; hence he is ready to grant that all the gods think the death of the murdering laborer a product of injustice – he says nothing about Euthyphro's prosecution of his father.

With this concession, they can get on to an examination of the revised definition the philosopher now proposes: the holy is what *all* the gods love, the unholy what they *all* hate, while those matters that some love and some hate would be neither, or both together (9d).[34] The self-contradictory case is now as irrelevant as one that lies outside the jurisdiction of the gods altogether. The distinctive problem of polytheism has been left behind, since the unity of all the gods would be equivalent to one. But the revised formula opens up a more fundamental question, which applies to divine

9d–11a

33 Once the inquiry into the holy begins, on the other hand, the center comes with the failure of the search for an *idea*, at 11c, marked by the image of the statues of Daedalus. With this twofold center, Plato distinguishes the speeches from the action of the dialogue.

34 What the gods "love," more precisely, is what they "find dear" (*philein*): this is the verb throughout the argument, not *eraō*, which would imply some neediness in the lover to be fulfilled by the object of his love.

es von den Göttern geliebt, *weil* es an sich selbst fromm ist (10a)?

Diese Frage betrifft den Kern des Verhältnisses zwischen Philosophie und Offenbarung. Nach der ersten Option, die Sokrates vorträgt, stellen die Götter unsere einzige Orientierung dar. Wir müßten herausfinden, was sie billigen oder mißbilligen, indem wir uns auf eine göttliche Mitteilung verlassen, wenn nicht aus einer direkten Begegnung, dann über einen vermittelnden Propheten, eine geheiligte Tradition oder einen heiligen Text; selbstverständlich müßten wir diese göttliche Mitteilung interpretieren, doch ohne einen unabhängigen Maßstab, um die Intention ihres Autors zu bestimmen. Nur die zweite Alternative, die Sokrates anbietet, versetzt uns in die Lage oder zwingt uns, daß wir selbst herauszufinden versuchen, was seiner eigenen Natur nach göttliche Billigung verdiente. Die Bibel verweist auf den Unterschied zwischen diesen beiden Möglichkeiten, indem sie zwei radikal verschiedene Schilderungen des ersten Erzvaters einander gegenüberstellt. In der einen verhandelt Abraham mit Gott über dessen Plan, Sodom und Gomorrha zu zerstören – ein Dialog, den der biblische Autor vorbereitet, indem er Gott bei der Abwägung der Frage zeigt, ob er Abraham in seine Intention einweihen soll (*Genesis* 18:17–33). In dieser Situation entwickelt Abraham einen menschlich verständlichen, unabhängigen Maßstab für das, was er für gerecht und vernünftig hält, und drängt Gott, ihm zu entsprechen, wenn er eine Gottheit sein soll, die der Achtung des Menschen wert ist. *Dieser* Abraham ist am weitesten von dem Mann entfernt, der Gottes Befehl erhält, seinen innig geliebten Sohn zu opfern, den Sohn, der Gottes Versprechen gemäß durch ein Wunder geboren worden war (*Genesis* 22). Mit dieser

authority in any form: Is something holy *because* it is loved by the gods or, rather, is it loved by the gods *because* it is in itself holy (10a)?

This question lies at the heart of the relation between philosophy and revelation. On the first option Socrates poses, the gods provide our only guidance. We would have to learn what they approve or disapprove of by relying on a divine communication, if not in a direct encounter, then through a mediating prophet, a hallowed tradition, or a sacred text; of course, we would have to interpret that divine communication, but with no independent standard to determine its author's intention. Only the second alternative Socrates offers enables, or compels us to try to figure out for ourselves what by its own nature would merit divine approval. The Bible points to the difference between these possibilities by juxtaposing two radically different portraits of the first patriarch. In one, Abraham negotiates with God about His plan to destroy Sodom and Gomorrah – a dialogue for which the biblical author prepares by presenting God debating within Himself about whether to share with Abraham what He intends to do (Genesis 18:17–33). In this situation Abraham holds up a humanly comprehensible, independent standard of what he takes to be just and rational, and he urges God to live up to it, if He is to be a divinity worthy of human respect. *That* Abraham stands at the furthest extreme from the man who receives God's command to sacrifice his dearly beloved son, the son born miraculously in accordance with God's

unbegreiflichen Forderung konfrontiert, stellt Abraham keine Frage zu deren Gerechtigkeit oder Vernünftigkeit; er akzeptiert sie stillschweigend als den Willen Gottes und wird damit zu *dem* Vorbild gehorsamen Glaubens.[35]

Angesichts der beiden logischen Alternativen, die Sokrates vorgetragen hat, könnten wir erwarten, daß Euthyphron darauf beharrt, das Fromme sei einfach das Werk der Billigung seitens der Götter. Diese Wahl würde die von ihm vertretene Definition unterstützen und sie wahrscheinlich vor jeder weiteren Sokratischen Befragung schützen. Darüber hinaus würde sie ihn, den Seher, der über einen besonderen Zugang zum geheimnisvollen Willen der Götter verfügt, unverzichtbar machen. Andererseits könnte man vermuten, daß der Philosoph nur einen Gott anerkennt, der erkennt und billigt, was an sich selbst fromm ist. Doch Sokrates äußert keine eigene Meinung; statt dessen hantiert er mit einer Folge von Fragen, um zu einem bestimmten Ergebnis zu kommen, und nur wenn man sieht, wo Einwände hätten erhoben werden können, tritt die Bedeutung des Arguments zutage.

Mit einigen Beispielen, die Euthyphron praktisch hypnotisieren, gelangt Sokrates zu dem Schluß, daß etwas ein Geliebtes nur deswegen ist, weil es von jemandem, oder wie er zunächst formuliert, vom »liebenden Ding« (10a) geliebt wird; es wird nicht geliebt, weil es intrinsisch etwas Liebenswertes ist.[36] Wenn Sokrates jedoch auf die vorgeschlagene Definition des Frommen zurückkommt, fragt er ledig-

35 Siehe besonders Kierkegaards *Furcht und Zittern*.

36 Mit seinen Überlegungen zur komplizierten grammatikalischen Grundlage dieses Arguments zeigt Michael Davis, wie der Dialog, der die »Seele« nie erwähnt, uns statt dessen deren charakteristische Bewe-

promise (Genesis 22). Faced with this incomprehensible demand, Abraham raises no question about its justice or rationality; he accepts it in silence as the will of God and becomes *the* model of obedient faith.[35]

Given the two logical alternatives Socrates has posed, we might expect Euthyphro to insist that the holy is simply the product of the gods' approval. That choice would support his proposed definition and possibly seal it off from any further Socratic interrogation. It would, moreover, make him indispensable – the seer who has special access to the mysterious will of the gods. The philosopher, on the other hand, might be assumed to acknowledge only a god who discerns and approves of what is in itself holy. But Socrates does not voice any opinion of his own; instead, he manipulates a sequence of questions in order to elicit a particular result, and it is only by seeing where objections could have been raised that the meaning of the argument comes to light.

With a set of examples that practically hypnotize Euthyphro, Socrates reaches the conclusion that something is a loved thing only because it is loved by someone, or as he first puts it, by "the loving thing" (10a); it is not loved because it is something intrinsically lovable.[36] When Socrates

35 See especially Kierkegaard's *Fear and Trembling*.

36 Reflecting on the complicated grammatical basis of this argument, Michael Davis shows how the dialogue that never mentions "soul" presents us instead with its charac-

lich, ob etwas von den Göttern geliebt wird, weil es fromm
ist oder aus einem anderen Grund, worauf Euthyphron
verständlicherweise erwidert: »Nein, sondern deshalb«
(10d). Er glaubt zu sagen, daß etwas Frommes von den
Göttern geliebt wird, weil es fromm ist; doch es ist natürli-
cher, daß sich seine Wörter auf das zuletzt Gesagte beziehen
– »aus einem anderen Grund« lieben die Götter, was fromm
ist. Die, obschon unbeabsichtigte, Ambiguität seiner Erwi-
derung erweist sich als bedeutsamer, als es scheinen mag.
Euthyphron hat jedenfalls zugestanden, daß es *irgendeinen*
Grund für die Billigung oder Mißbilligung seitens der Götter geben muß – die Option, daß das Fromme nichts anderes als das Werk des Götterwillens sein könnte, scheint er
schlicht vergessen zu haben.[37] Er ist zwar aufgrund von
Sokrates' Manöver an diesen Punkt gelangt, doch wäre das

gung vor Augen führt, und er erläutert, warum dies Sokrates schließlich zum Beispiel der »lebendigen Seele am Werk« macht (*The Grammar of the Soul. On Plato's »Euthyphro«*, in *The Greeks on the Soul*.
Chicago 2011, S. 214–216, 220–221). In Sokrates' Bezug auf das »liebende Ding« und seinem Schweigen über das Liebenswerte sieht Jan
Blits ein Zeichen für die Mißachtung der Seele, die »bis in den Kern
des Dialogs reicht und seinem offenkundigen Scheitern zugrunde
liegt« (*The Holy and the Human: An Interpretation of Plato's
»Euthyphro«*, in *Apeiron* 14/1, 1980, S. 19, 29–30). Strauss beschließt
seine Auslegung des *Euthyphron* mit einer Reflexion über die »Halb-
wahrheit«, die er vermittelt, indem er die Ideen betont und dabei über
die Seele schweigt, was jedes Argument für die Existenz von Göttern,
das sich auf das Phänomen der selbstbewegten Bewegung stützt,
ausschließt (*An Untitled Lecture on Plato's »Euthyphron«*, S. 20; cf.
Platons *Nomoi* X, 893b–896b, 899a–c).

37 Die von Euthyphron gewählte Option ist, wie Christopher Bruell
bemerkt, bereits in der Vorstellung von der Gottesfurcht impliziert,
die ihn veranlaßt, seinen Vater strafrechtlich zu verfolgen – in der Vor-

returns, however, to the proposed definition of the holy, he asks only whether something is loved by the gods because it is holy, or for some other reason, to which Euthyphro understandably replies: "Because of this" (10d). He thinks he is saying that something holy is loved by the gods because it is holy; but his words more naturally refer to the last thing said – "some other reason" why the gods love what is holy. The ambiguity of his reply, however unintended, proves to be more significant than it may look. Euthyphro has granted, at any rate, that there must be *some* reason for the gods' approval or disapproval – he seems to have simply forgotten the option that the holy might be nothing but the product of the gods' will.[37] He has been

teristic motion and suggests why that makes Socrates, finally, the example of "the living soul at work" ("The Grammar of the Soul: On Plato's *Euthyphro*," in *The Greeks on the Soul*. Chicago 2011, pp. 214–216, 220–221). In Socrates' reference to "the loving thing," and his silence about the lovable, Jan Blits finds a sign of the disregard of the soul, which "goes to the heart of the dialogue and underlies its apparent failure" ("The Holy and the Human: An Interpretation of Plato's *Euthypho*," in *Apeiron* 14/1, 1980, pp. 19, 29–30). Strauss concludes his reading of the *Euthyphro* with a reflection on the "half-truth" it conveys through its emphasis on the ideas and correlative silence about the soul, which precludes any argument for the existence of gods based on the phenomenon of self-moving motion ("An Untitled Lecture on Plato's *Euthyphron*," p. 20; cf. Plato's *Laws* X, 893b–896b, 899a–c).

37 The option Euthyphro chooses, Christopher Bruell observes, is already implicit in the notion of piety that leads

Manöver vielleicht nicht erfolgreich gewesen, hätte es nicht ein wesentliches Bedürfnis des Gläubigen angesprochen, der behauptet, *Wissen* vom Göttlichen und vom Frommen zu besitzen.

Der Seher hat sich selbst eine Falle gestellt. Nach dem von ihm akzeptierten allgemeinen Modell wird etwas nur deswegen geliebt, weil jemand es liebt, und es wird nicht nach einer intrinsischen Eigenschaft gefragt, die diese Liebe motivieren könnte. Doch im besonderen Fall der Götter war die einzige Frage, ob sie etwas lieben, weil es fromm ist oder aufgrund einer anderen Eigenschaft; und ungeachtet der genauen Worte, die er äußerte, hat Euthyphron keine andere Eigenschaft im Sinn, also muß das Frommsein als der offenkundige Grund erscheinen, der die Billigung der Götter hervorruft. Er sieht nicht, daß ihre Billigung in diesem Fall nicht die *Ursache* dafür wäre, daß etwas fromm ist, und damit seine Definition widerlegt ist. Sokrates hat für seine Strategie gegenüber dem Seher etwas Entscheidendes erreicht – der Wille Gottes oder der Götter wird jetzt durch eine *idea* des Frommen eingeschränkt; doch ohne eine Darstellung dessen, was sie bestimmt, bleibt diese *idea* vollständig leer.

Euthyphron akzeptiert eine von zwei vorgeblich exklusiven und erschöpfenden Alternativen. Aber die Art und Weise, wie Sokrates diese Optionen in der Folge seiner

stellung, daß das, was die Götter von uns verlangen, darin besteht, die Ungerechten zu bestrafen; denn das Wissen, was Gottesfurcht ist, hängt somit von einem unabhängigen Wissen ab, was Gerechtigkeit ist, das seinerseits nicht von einem vorausliegenden Wissen des Göttlichen abhängt (*On the Socratic Education*. Lanham 1999, S. 126–127).

led to this point, admittedly, by Socrates' maneu-
vering, though perhaps that would not have succeeded if it had not tapped into an essential need of
a believer who claims to possess *knowledge* of the
divine and the holy.

The seer has set his own trap. On the general
model he accepted, something is loved only because someone loves it and no question is raised
about an intrinsic property that might motivate
that love. But in the specific case of the gods, the
only question was whether they love something
because of its being holy, or some other property;
and despite the exact words he uttered, Euthyphro
has no other property in mind, so being holy must
seem the obvious ground for eliciting the gods'
approval. He does not see that their approval, in
that case, would not be the cause of something
being holy, and as a result, his definition stands
refuted. Socrates has accomplished something crucial for his strategy with the seer – the will of god or
gods is now constrained by an *idea* of the holy; yet
with no account of what determines it, that *idea* is
left completely empty.

Euthyphro accepts one of two supposedly
exclusive and exhaustive alternatives. But the way

him to prosecute his father – the notion that what the gods
demand of us is to punish the unjust; for knowledge of what
piety is thus depends on independent knowledge of what
justice is, which does not in turn depend on a prior knowledge of the divine (*On the Socratic Education*. Lanham
1999, pp. 126–127).

Fragen aufspaltete, spart etwas auffällig aus, und das ist die Möglichkeit einer dynamischen Bewegung – von der intrinsischen Eigenschaft eines Objekts zu einer Reaktion, die dem Objekt ihrerseits eine weitere Eigenschaft zuweisen würde. Diese Dynamik wird durch die Platonische Darstellung der Erfahrung des Eros paradigmatisch veranschaulicht: der Liebende erfährt und antwortet auf etwas im Geliebten, doch seine Liebe vergrößert oder steigert ihrerseits den, den er liebt, in einer solchen Weise, daß der Geliebte mehr wird, als er an sich selbst war.[38] Nach diesem Modell wäre nichts fromm, was die Götter nicht gebilligt haben, oder nichts unfromm, was sie nicht mißbilligt haben; aber die Reaktionen der Götter wären das Ergebnis ihrer Wahrnehmung einer intrinsischen Eigenschaft in den Dingen, die sie lieben oder hassen. Und Sokrates hatte bereits darauf hingewiesen, welche intrinsischen Eigenschaften das sind, als er beiläufig bemerkte, daß die Götter lieben, was sie für gerecht, schön oder gut halten, und das Gegenteil davon hassen (7e).

Diese dynamische Darstellung würde die Definition des Frommen als das, was allen Göttern lieb ist, bestätigen, aber ohne die Möglichkeit rationaler Gründe für ihre Reaktion, das heißt ihr Verständnis einer *idea* wie das Schöne, das Gerechte und das Gute zu opfern. Jenes göttliche Verständnis würde den Menschen indirekt durch alles nahege-

---

38 Siehe *Phaidros* 251a–253c. »Der Geliebte«, sagt Benardete, »erscheint als ein olympischer Gott im Einklang mit der Natur der Seele des Liebenden«, aber der Liebende formt seinerseits »den Geliebten zu einer Statue seiner eigenen Seele und verehrt sie, als wäre sie ein Gott« (*Socrates and Plato. The Dialectics of* Eros – *Sokrates und Platon. Die Dialektik des* Eros. München 2002, S. 76).

Socrates split those options in his sequence of questions leaves something conspicuously missing, and that is the possibility of a dynamic movement – from the intrinsic property of an object to a response, which would in turn confer a further property on the object. That dynamic is paradigmatically illustrated by the Platonic account of the experience of eros: the lover perceives and responds to something in the beloved, but his love in turn magnifies or enhances the one he loves in such a way that the beloved becomes more than what he was in himself.[38] On this model, nothing would be holy apart from the gods' approval, or unholy apart from their disapproval; but those responses would be the result of the gods' discernment of an intrinsic property in the things they love or hate. And Socrates had already indicated what those intrinsic properties are when he noted in passing that the gods would love what they find to be just, beautiful, or good and hate the opposites (7e).

This dynamic account would confirm the definition of the holy as that which is dear to all the gods, but without sacrificing the possibility of rational grounds for their response, that is, their

38 See *Phaedrus* 251a–253c. "The beloved," as Benardete puts it, "appears as an Olympian god in conformity with the nature of the soul of the lover"; but the lover in turn "fashions the beloved into a statue of his own soul and worships it as if it were a god" (*Socrates and Plato. The Dialectics of* Eros – *Sokrates und Platon. Die Dialektik des* Eros. Munich 2002, p. 77).

bracht, was den Stempel des Frommen trägt, obwohl das Fromme mit diesem derivativen Status selbst nicht mehr wie eine *idea* aussieht. Wenn es Platons Intention war, seinem Leser diese Darstellung nahezubringen, warum, so könnte man fragen, teilt Sokrates sie dann Euthyphron nicht mit? Statt dessen läßt er ihn mit einer unbestimmten *idea* des Frommen stehen, die nichts anderes bewirkt, als dem Willen der Götter Grenzen zu setzen. Doch das ist in der Tat eben das, was erforderlich ist, wenn der Seher – in der zweiten Hälfte des Gesprächs – dazu gebracht werden soll, sich an den Praktiken der Gottesfurcht in der Stadt zu orientieren.

Hätte Sokrates die Prämisse entwickelt, daß die Götter lieben, was sie für intrinsisch gerecht, schön oder gut halten, hätte er folgende Frage aufgeworfen: wenn der von den Göttern verliehene Status des Frommen nichts anderes ist als ein indirekter Weg zum Gerechten, Schönen und Guten, warum soll man diese Vermittlung dann nicht umgehen? Der Philosoph könnte jedenfalls nicht sein, was er ist, wenn er dem Gerechten, dem Schönen und dem Guten nicht als *Problemen* nachginge; jede autoritative Behauptung darüber würde notwendig in die Fragen verwandelt, die seine Suche nach Erkenntnis zum Ausdruck bringen. Bei seinem Prozeß führt Sokrates diese Suche in seinem eigenen Leben auf einen Zeugen zurück, der für die Jury glaubwürdig ist, auf den Gott in Delphi (*Apologie* 20e). Gewiß muß Sokrates schon ohne jede göttliche Sanktionierung mit der für ihn charakteristischen Tätigkeit befaßt gewesen sein, als einer seiner Gefährten beschloß, das Orakel mit der Frage zu konsultieren, ob irgend jemand weiser sei als Sokrates. Die Antwort, die er zurückbrachte – Niemand ist weiser –, war für Sokrates, der sich seines Mangels an Wissen bewußt war,

understanding of an *idea* like the beautiful, the just, and the good. That divine understanding would be indirectly communicated to human beings through whatever bears the imprimatur of the holy, although, with this derivative status, the holy itself no longer looks like an *idea*. If Plato intended to communicate this account to his reader, why, one might ask, does Socrates not convey it to Euthyphro? Instead, he leaves him with an indeterminate *idea* of the holy that does nothing but set limits to the will of the gods. In fact, however, that is just what is required if the seer is to brought – in the second half of the conversation – to take his bearings from the practices of piety in the city.

Had Socrates developed the premise that the gods love what they take to be intrinsically just, beautiful, or good, he would have opened up this question: if the holy status conferred by the gods is nothing but an indirect way to the just, the beautiful, and the good, why not bypass that mediation? The philosopher, in any case, could not be what he is if he did not pursue the just, the beautiful, and the good as *problems*; any authoritative claim about them would necessarily be transformed into the questions that articulate his quest for knowledge. At his trial, Socrates does trace that quest in his own life to a witness the jury deems worthy, the god at Delphi (*Apology* 20e). Of course, Socrates must have been involved in his characteristic activity already, without any divine sanction, when one of his companions decided to consult the oracle with the question whether anyone is wiser than

ganz und gar überraschend. Trotzdem ignorierte er das Wort des Gottes nicht, sondern machte sich, in der Annahme, daß es nicht einfach falsch sein konnte, daran, den Sinn zu verstehen. Indem er die Meinungen aller, die behaupteten, über Wissen zu verfügen, prüfte und widerlegte, kam er zu dem Schluß, daß Weisheit nur des Gottes ist. Wenn »Sokrates am weisesten ist« – seine eigene Neuformulierung des Orakelspruchs –, dann mußte das bedeuten, »menschliche Weisheit« bestehe darin zu wissen, was man nicht weiß.[39] Sokrates gelangte zu einer Interpretation, die die Wahrheit des göttlichen Wortes bestätigte, indem er es in Frage stellte und mit seinem eigenen Nachdenken und dem eigenen unstrittigen Verständnis seiner selbst in Übereinstimmung brachte. Ist das »philosophische Gottesfurcht« oder radikale Gottlosigkeit?[40] Sicherlich zeigt sein Verhalten keinen Gehorsam gegenüber dem Gebot einer höheren Autorität; doch es ist auch nicht gerade die Imitation eines göttlichen Paradigmas. Es fordert zwar eine gottähnliche Weisheit, doch nur um die Bemühung zu befeuern,

39 Siehe *Apologie* 20e–21b, cf. 23a–b.

40 Sowohl Platon als auch Aristoteles sprechen in Verbindung mit dem Philosophen nicht von Gottesfurcht, sondern vom Frommen (*to hosion*) – jedoch nur, um seine Hingabe an die Wahrheit zu charakterisieren. Sokrates, der zögert, Homer zu kritisieren, erkennt die Kraft des Zaubers des Dichters an, während er gleichzeitig die Notwendigkeit einer Prüfung zugibt, denn »was uns wahr dünkt preiszugeben, wäre doch nicht fromm« (*Politeia* 607c). Wenn Aristoteles seine zurückhaltende Kritik an der Platonischen »*idea* des Guten« mit einem Nachhall dieser Aussage einleitet (*Nikomachische Ethik* 1096a14–17), dann drückt er seine Schuld gegenüber Platon aufs schönste nach Platons Vorbild aus, nämlich so, wie dieser seine Schuld gegenüber Homer ausdrückt.

Socrates. The answer he brought back – No one is wiser – was altogether perplexing to Socrates, who was aware of his own lack of knowledge. Yet he did not ignore the word of the god, but on the assumption that it could not simply be false, he set out to make sense of it. By examining, and refuting, the opinions of all who claimed to know, he came to the conclusion that wisdom belongs only to the god. If "Socrates is wisest" – his own reformulation of the oracle's claim – it must mean that "human wisdom" consists in knowing what one does not know.[39] Socrates arrived at an interpretation that confirmed the truth of the divine word by questioning it and making it conform to his own reasoning and his own unquestionable understanding of himself. Is this "philosophic piety" or radical impiety?[40] It is certainly not obedience to the command of a higher authority; but neither is it exactly imitation of a divine paradigm. It does

---

39 See *Apology* 20e–21b, cf. 23a–b.

40 Both Plato and Aristotle speak, not of piety, but of the holy (*to hosion*) in connection with the philosopher – only, however, to characterize his devotion to truth. Hesitant to criticize Homer, Socrates acknowledges the power of the poet's magic while admitting the need for examination, since "it would not be holy to betray what seems to be true" (*Republic* 607c). When Aristotle introduces his reluctant critique of the Platonic "*idea* of the good" with an echo of that statement (*Nicomachean Ethics* 1096a14–17), he in fact expresses beautifully his debt to Plato modeled on Plato's expression of his debt to Homer.

das angemessenste Verständnis von ihr zu entwickeln. Sokrates' Interpretation des Delphischen Orakels erscheint wie das implizite Modell, das Platon für den aktiven Leser seiner eigenen Werke bereithält.

Die Sokratische Philosophie erkennt dieser Darstellung zufolge menschliche Grenzen im Licht eines göttlichen Maßstabs, wie gewöhnliche Gottesfurcht das tut. Aber beide trennt eine tiefe Kluft. Die Grenzen, die der Philosoph als Herausforderungen begreift, sind für die gewöhnliche Gottesfurcht von Gott oder den Göttern aufgestellte Verbote zum Schutz vor menschlicher Vermessenheit.[41] Das Bewußtsein des Philosophen, im Licht des göttlichen Maßstabs, den er aufrichtet, zurückzubleiben, besteht im Wissen der Unwissenheit; sein Gegenstück, die gewöhnliche Gottesfurcht, besteht in den Erfahrungen von Scham und Furcht. Diese Erfahrungen werden zum zentralen Punkt, wenn der *Euthyphron* sich in der zweiten Hälfte der Untersuchung den Praktiken der Gottesfurcht in der Stadt und ihrem Verhältnis zur Gerechtigkeit zuwendet.

III. Gottesfurcht in der Stadt

Von den Problemen angespornt, die sie freigelegt haben, ist Sokrates bereit, zu der Frage: Was ist das Fromme? zurückzukehren. Euthyphron dagegen hat nichts weiter zu sagen, als er merkt, daß alles, was sie vorbringen, nicht an seinem

---

41 Aristoteles unterscheidet die dichterische Konzeption der eifersüchtigen Götter, die der menschlichen Suche nach Erkenntnis Verbote auferlegen, von den durch die menschliche Natur gesetzten Grenzen (*Metaphysik* 982b29–983a11).

postulate a god-like wisdom, but only in order to inspire the effort to construct the most adequate understanding of it. Socrates' interpretation of the Delphic oracle looks like the implicit model Plato holds up for the active reader of his own works.

Socratic philosophy, on this account, recognizes human limits in light of a divine standard, just as ordinary piety does. But a profound gap separates the two. The limits that the philosopher faces as challenges are for ordinary piety prohibitions by god or gods against human overreaching.[41] The philosopher's awareness of falling short in light of the divine standard he posits consists in knowledge of ignorance; its counterpart in ordinary piety consists in the experiences of shame and fear. Those experiences become central when the *Euthyphro* turns, in the second half of the inquiry, to the practices of piety in the city and their relation to justice.

III. Piety in the City

Spurred on by the very problems they have uncovered, Socrates is ready to return to the question, What is the holy? Euthyphro, in contrast, has nothing further to say, after seeing everything they put forward fail to remain fixed. In the image

11b–e

41 Aristotle distinguishes the poets' conception of jealous gods, who impose prohibitions on the human quest for knowledge, from the limits set by human nature (*Metaphysics* 982b29–983a11).

Platz bleibt. Nach dem von Sokrates beigebrachten Bild sind ihre Reden wie die Statuen des Dädalos, von denen man sagt, sie seien so lebensecht, daß sie aufstünden und davonliefen (11c–d).[42] Die Statuen des Dädalos zeigen die sich selbst bewegende Bewegung – das heißt die Seele –, jedoch nicht in einem lebendigen Körper, sondern in einem Kunstwerk: dies kann einzig Platons Bild für das Argument des Dialogs sein. Das kann Euthyphron selbstverständlich nicht erkennen; in seinen Augen muß Sokrates dafür verantwortlich sein, daß seine Wörter nicht haften bleiben. Sokrates wiederum ist erstaunt über seine eigene Kunstfertigkeit, wenn sie – darin Dädalos' Geschick übertreffend – die Werke anderer bewegen kann und das sogar gegen seinen Willen, denn auch er wünscht, daß die Reden ruhten. Die Festigkeit, die Euthyphron bewahren möchte, ist selbstverständlich der Dogmatismus der Meinung, während Sokrates auf ein nicht erreichtes Ziel blickt – die Erkenntnis der *idea* –, das das Begehren weckt, welches die Reden am Leben erhält. Daß dies nicht das Begehren ist, das Euthyphron antreibt, muß Sokrates schon die ganze Zeit klar gewesen sein; aber erst jetzt, am Ende der ersten Hälfte der Untersuchung, hat der Seher den Punkt erreicht, wo er für andere Leidenschaften empfänglich ist – Furcht vor den strafenden Göttern, die er nachahmen will, und Scham angesichts der menschlichen Konventionen, die sie sanktionieren.

Die genannten Leidenschaften gelangen durch Sokrates' Anspielung auf die Verse eines Dichters über einen Gott

---

42 Im *Menon* veranschaulicht dasselbe Bild die Unbeständigkeit der wahren Meinung, die noch nicht in Erkenntnis verwandelt worden ist (97d–98a).

Socrates offers, their speeches are like the statues of Daedalus, said to be so lifelike they would get up and run away (11c–d).[42] The statues of Daedalus exhibit self-moving motion – that is, soul – not, however, in a living body but in a work of art: this can only be Plato's image for the argument of the dialogue. That, of course, is something Euthyphro cannot recognize; in his eyes, it must be Socrates who is responsible for his words not sticking. Socrates, in turn, is amazed at his own artistry if, surpassing the skill of Daedalus, it can move the works of others, and do so, indeed, against his will, for he too wishes the speeches would remain at rest. Of course, the fixity Euthyphro wants to preserve is the dogmatism of opinion, while Socrates is looking to an unachieved end – knowledge of the *idea* – which arouses the desire that keeps the speeches alive. That this is not the desire moving Euthyphro Socrates must have realized all along; but it is only now, at the end of the first half of the inquiry, that the seer has reached the point where he is receptive to other passions – fear of the punishing gods he wants to imitate and shame in the face of the human conventions they sanctify.

Those passions enter the argument through 12a–e Socrates' allusion to a poet's verses about a god –

---

42 The same image, in the *Meno*, illustrates the instability of true opinion that has not been transformed into knowledge (97d–98a).

in das Argument – wörtlich: »der Macher (*poiētēs*), der Zeus machte...« Mit dieser einen Erinnerung an die Anschuldigung gegen Sokrates bestimmt der Dialog den Dichter genauer als den Macher eines Gottes, von dem die Menschen nicht sprechen wollen, denn »wo Furcht, da ist auch Scham« (12a).[43] Der Dichtervers schlägt eine Saite an, die an das Buch Genesis erinnert, in dem die ersten Menschen, nachdem sie das göttliche Urgebot übertreten haben, mit Scham vor einander und Furcht vor Gott reagieren (3:7–10). Den Namen eines Gottes nicht aussprechen zu wollen, ist ein Zeichen der Scham oder der Ehrfurcht vor einem geheimnisvollen höheren Wesen, das unserer Erkenntnis nicht unterworfen ist. Der Dichter liefert eine genetische Darstellung dieser Erfahrung: eine solche Scham oder Ehrfurcht ist ein Werk der Furcht, hervorgerufen durch einen Gott, von dem man glaubt, er bestrafe das Überschreiten von Grenzen. Sokrates geht der Frage, ob diese Auffassung für die Dichtung in ihrem Streit mit der Philosophie wesentlich ist, nicht weiter nach. Er zitiert den Vers nur, um auf dem Gegenteil zu beharren – »wo Scham, da ist auch Furcht« –, nicht um mit der genetischen Darstellung des Dichters zu konkurrieren, sondern um sie durch eine Analyse der Klasse zu ersetzen: es gibt viele Dinge, die gefürchtet werden – Krankheit oder Armut zum Beispiel – und die nicht Gegenstand von Scham oder Ehrfurcht sind, sondern Scham ist selbst eine Art Furcht vor einem schlechten Ruf.

43 In der Übersetzung von Schleiermacher: »Ich meine nämlich das Gegenteil von dem, was jener Dichter gedichtet hat, welcher sagt: ›Aber den Zeus, der's wirkte, der dies hat alles geordnet, Weigerst zu nennen du dich, denn wo Furcht, da immer ist Scham auch‹« (12a).

literally, "the maker (*poiētēs*) who made Zeus…" With this one reminder of the charge against Socrates, the dialogue identifies the poet, more specifically, as the maker of a god of whom human beings are unwilling to speak, for "where fear is, there too is shame" (12a).[43] The poet's verse strikes a chord with the Book of Genesis, where the first human beings, after their transgression of the primordial divine command, react with shame before each other and fear before God (3:7–10). To be unwilling to speak the name of a god is a sign of shame or awe before a mysterious higher being, not subject to our knowledge. The poet gives a genetic account of that experience: such shame or awe is a product of fear, evoked by a god who is thought to punish the overstepping of limits. Socrates does not pursue the question whether that view is essential to poetry in its quarrel with philosophy. He cites the verse only to insist upon the opposite – "where shame is, there is fear" – not as a rival to the poet's genetic account, but as a replacement of it with a class analysis: there are many things that are feared – disease or poverty, for instance – which are not objects of shame or awe, but shame is itself a kind of fear, of a wicked reputation.

43   In the translation of Thomas and Grace West: I am saying the opposite of what the poet composed who said: Zeus, the one who enclosed and planted all these things, You are not willing to speak of; for where dread is, there too is awe (12a).

Sokrates führt diese Beziehung von Klassen ein, um ein Modell für die frommen Dinge als Teilmenge der gerechten Dinge bereitzustellen. Eine solche Unterordnung würde die Konsequenzen der theologischen Reform ausbuchstabieren, die der Philosoph am Ende der ersten Dialoghälfte andeutete, als er implizierte, daß das Fromme zwar ein Werk der Billigung von seiten der Götter ist, die Billigung selbst aber dadurch hervorgerufen wird, daß die Götter eine intrinsische Eigenschaft, genauer das Gerechte anerkennen.[44] Die Darstellung der frommen und der gerechten Dinge würde also geklärt, wenn Sokrates sie auf das Modell der Scham als einer Art Furcht stützte. Statt dessen kompliziert er die Dinge, indem er ein weiteres, scheinbar unnötiges Beispiel hinzufügt: das Ungerade als eine Art Zahl (12c). Wenn das Fromme und das Gerechte sich zueinander verhielten wie ungerade und gerade Zahlen, dann wären sie zwei einander wechselseitig ausschließende Spezies einer umfassenden Gattung, und keine einzelne Handlung könnte sowohl fromm als auch gerecht sein. Abrahams Unterhandlung mit Gott über das Schicksal von Sodom und Gomorrha könnte eine fromme Handlung als eine

---

44 In Sokrates' Hinwendung zu einer Beziehung der Klassifizierung sieht Bruell die Verwerfung der unausgesprochenen kausalen Beziehung, derzufolge die Sorge um Gerechtigkeit die Gottesfurcht entstehen läßt (*On the Socratic Education*, S. 132). Doch obwohl Sokrates die kausale Analyse des letzten Arguments aufgegeben hat, scheinen dessen Implikationen die Analyse der Klasse, die an ihre Stelle tritt, zu leiten: wenn das Gerechte eine intrinsische Eigenschaft von etwas ist, das die Billigung seitens der Götter bewirkt, während diese Billigung ihrerseits etwas fromm macht, dann wären die frommen Dinge eine Teilmenge des Gerechten, wie es die Scham im Verhältnis zur Furcht ist.

Socrates introduces this relation of classes in order to provide a model for the holy things as a subset of just things. That subordination would spell out the consequences of the theological reform the philosopher suggested by the end of the first half of the dialogue, when he implied that the holy is a product of the gods' approval, but that approval is itself elicited by the gods' recognition of an intrinsic property, more specifically, the just.[44] The account of the holy and the just things would be settled, then, if Socrates let it rest on the model of shame as a kind of fear. Instead, he complicates matters by adding another, seemingly unnecessary example: the odd as a kind of number (12c). If the holy and the just were like odd and even number, they would be two mutually exclusive species of some comprehensive genus, and no single action could be both holy and just. Abraham negotiating with God about the fate of Sodom and Gomorrah might illustrate a holy action as a kind of justice, like shame as a kind of fear; but Abraham's sacrifice

44 In Socrates' turn to a relation of classification, Bruell sees his rejection of the unstated causal relation according to which a concern for justice gives rise to piety (*On the Socratic Education*, p. 132). Yet while Socrates has abandoned the causal analysis of the last argument, its implications seem to be guiding the class analysis that replaces it: if the just is an intrinsic property of something that leads the gods to approve of it, while that approval in turn makes something holy, the holy things would be a subset of the just, as shame is of fear.

Art Gerechtigkeit veranschaulichen, wie Scham eine Art Furcht; doch Abrahams Sohnesopfer scheint eine fromme im Gegensatz zu einer gerechten Handlung zu sein, so wie eine ungerade Zahl im Gegensatz zu einer geraden steht. Euthyphron verschmilzt die beiden Modelle. Er denkt sich Scham als eine Spezies der Furcht und behält »das Gerechte« als den Namen für eine umfassende Gattung bei; aber nach dem Modell der Zahlen, die in gerade und ungerade geschieden sind, unterscheidet er die Behandlung der Götter, die gottesfürchtig und fromm ist (*eusebes* und *hosion*), von der Behandlung der Menschen, die im strengen Sinn gerecht sein muß (12e). Die Gattung wäre in diesem Fall Behandlung (*therapeia*), und eine bestimmte Handlung – wie Euthyphrons strafrechtliche Verfolgung seines Vaters – könnte entweder Behandlung der Götter oder der Menschen sein, nicht aber beides.

Die Eingliederung der frommen Dinge als einer Spezies des Gerechten analog zur Scham als einer Art Furcht scheint ein wünschenswertes Modell für die Praxis zu sein: es sollte durch die Forderung, jede im Namen der Götter vorgenommene Handlung habe sich nach der Gerechtigkeit als einem unabhängig bestimmten Maßstab zu richten, eine mäßigende Wirkung haben. Doch auf derselben Grundlage würde es dem Fanatiker erlauben, eine göttliche Sanktionierung für sein Streben nach Gerechtigkeit zu beanspruchen, und vielleicht ist es diese potentielle Gefahr, die Sokrates veranlaßt, den Seher von dem Modell abzubringen. Wenn er sich statt dessen der Gattung *therapeia* zuwendet, mit deren Hilfe man die Spezies des Frommen vom Gerechten abkoppeln kann, sieht Sokrates nur »ein kleines Problem«: Ist die *therapeia*, die die Gottesfurcht definiert, welche wir gegenüber den Göttern praktizieren,

of his son appears to be a holy action in opposition to a just one, like odd as opposed to even number. Euthyphro conflates the two models. Thinking of shame as a species of fear, he retains "the just" as the name for the comprehensive genus; but on the model of number divided into even and odd, he distinguishes care of the gods, which is pious and holy (*eusebes* and *hosion*), from care of humans, which must be just in the strict sense (12e). The genus, in that case, would be care (*therapeia*), and a particular action – like Euthyphro's prosecution of his father – could be either care for the gods or for humans, but not both.

The incorporation of the holy things as a species of the just, analogous to shame as a kind of fear, would seem to be a model desirable in practice: it should have the moderating effect of requiring that any action undertaken in the name of the gods conform to justice as a standard independently determined. Yet on the same basis, it would allow the fanatic to claim divine sanction for his pursuit of justice, and that is perhaps the potential danger that makes Socrates lead the seer away from this model. Turning instead to the genus *therapeia*, which allows the species of the holy to be decoupled from the just, Socrates finds only "one small problem": Is the *therapeia* that defines piety, which we practice on the gods, the kind of artful care that experts perform for the needy, like the care

13a–d

die Art kunstreicher Behandlung, die der Fachmann für den Bedürftigen ausübt, wie der Viehhirte sie gegenüber den Ochsen praktiziert (13b–c)? Sind die Götter defizient und bedürfen unserer Verbesserungskunst? Tatsächlich ist Sokrates gerade mit einer solchen Tätigkeit von *therapeia* befaßt gewesen, wenn auch hinsichtlich der fiktionalen Götter der Dichter, die er in einen Maßstab für die Philosophen bei ihrer Suche nach Erkenntnis des Gerechten, des Schönen und des Guten verwandelte.[45] Aber Euthyphron, der noch immer die strafenden Götter im Sinn hat, ist plötzlich durch die Implikationen der von ihm vorgeschlagenen Definition beschämt oder erschreckt. Bei Zeus! er beabsichtigte ganz sicher nicht, daß die *therapeia* der Götter eine Kunst des Höherstehenden bedeuten sollte, mit der dieser den Geringeren behandelt; im Gegenteil, das, was er bescheiden beabsichtigte, ist die Art von Behandlung, die Sklaven ihren Herren angedeihen lassen (13c–d). Sokrates, der der athenischen Jury von seinem eigenen »Dienst (*hypēresia*) am Gott« berichten wird (*Apologie* 30a), bietet Euthyphron die Bezeichnung »kunstreicher Dienst« (*hypēretikē*) an – eine grammatikalische Form, die einen Anspruch auf Fachkenntnis einschließt.

Wenn Gottesfurcht jedoch in der Stadt zur Abteilung der Künste gehört, muß sie eine bestimmte Funktion oder ein bestimmtes Werk (*ergon*) erfüllen. Sokrates' anfängliche Erläuterung – der kunstreiche Dienst an Ärzten bringe Gesundheit hervor (13d) – scheint auf eine unterstützende Rolle wie die einer Krankenschwester hinzuweisen, die dem Meister der Kunst behilflich ist, nicht zu dessen Vor-

45 Diese Charakterisierung von Sokrates' »philosophischer *therapeia*« geht auf einen Vorschlag von Robert Berman zurück.

oxherders practice on oxen (13b–c)? Are the gods defective and in need of our art of improvement? Actually, Socrates has been engaged in just such an activity of *therapeia*, albeit on the fictional gods of the poets, whom he transformed into a standard for the philosophers in their search for knowledge of the just, the beautiful, and the good.[45] But Euthyphro, who still has punitive gods in mind, is suddenly ashamed or frightened by the implications of his proposed definition. By Zeus!, he certainly did not intend *therapeia* of the gods to mean an art of the superior caring for the inferior; on the contrary, what he humbly intended is the kind of care slaves pay to their masters (13c–d). Socrates, who will tell the Athenian jury of his own "service (*hypēresia*) to the god" (*Apology* 30a), offers Euthyphro the designation "artful service" (*hypēretikē*) – a grammatical form that implies a claim to expertise.

If piety, however, belongs to the division of arts in the city, there must be a particular function or work (*ergon*) it accomplishes. Socrates' initial illustration – artful service to doctors produces health (13d) – seems to refer to a subsidiary role, like that of the nurse, who ministers to the master artisan, not for his benefit, but for the good of the patient whose malady needs treatment. The subsidiary practice by which we serve the gods,

13d–14a

45 This characterization of Socrates' "philosophic *therapeia*" is suggested by Robert Berman.

teil, sondern zum Wohl des Patienten, dessen Krankheit der Behandlung bedarf. Die unterstützende Praxis, durch die wir den Göttern dienen, würde entsprechend im Blick auf die menschlichen Bedürfnisse unternommen, doch zu welchem Zweck im besonderen? Euthyphron kann den spezifischen Zweck in den beiden anderen von Sokrates angeführten Beispielen identifizieren – den Dienst an den Schiffbauern oder den Dienst an den Baumeistern –, aber alles, was er über den Gebrauch, den die Götter von uns machen, sagen kann, ist, daß es »viele schöne Dinge« hervorbringt. Das tun Heerführer und Bauern auch, fügt Sokrates hinzu, doch jeder erreicht einen ganz besonderen Zweck. Dieses scheinbar unnötige Beispielpaar liefert einen Anhaltspunkt für die Richtung des Arguments.

Warum sollte man Gott oder die Götter mit einem Gebet oder Opfer oder rituellem Äquivalent anrufen, bevor man Feldfrüchte anbaut oder insbesondere bevor man in die Schlacht zieht, nicht aber bevor man ein Schiff oder ein Haus baut? Wenn alle Künste so viel Kontrolle über ihr Material hätten wie das Zimmerhandwerk und keine durch den Zufall so verwundbar wäre wie die Landwirtschaft oder die militärische Strategie, dann wäre die Stadt der Künste selbstgenügsam oder würde sich als selbstgenügsam wahrnehmen; sie bedürfte für ihre Beherrschung der Natur keiner Ergänzung durch gottesfürchtige Praktiken, die eine Abhängigkeit vom Göttlichen anerkennen. Wie es aussieht, ist diese Anerkennung auf ein zweifaches Bedürfnis gerichtet. Einerseits stärkt sie die Zuversicht in Anbetracht von Unsicherheit und wirkt einer Passivität entgegen, die andernfalls die Oberhand gewinnen könnte, sobald wir die Grenzen unserer Kontrolle erkennen; gleichzeitig zügelt sie uns durch die Erinnerung an diese Grenzen bei der Aus-

accordingly, would be undertaken with a view to human needs, but to what end in particular? Euthyphro can identify the specific end in the two further examples Socrates introduces – service to shipbuilders or service to housebuilders – but all he can say about the gods' use of us as servants is that it produces "many beautiful things." So do generals and farmers, Socrates adds, yet each accomplishes a very particular end. This seemingly unnecessary pair of examples provides a clue to the direction of the argument.

Why should there be an appeal to god or gods in prayer or sacrifice, or some ritual equivalent, before planting crops, or especially before going into battle, but not before building a ship or a house? If all the arts had as much control as carpentry does over its material and none were as vulnerable to chance as agriculture or military strategy, the city of arts would be, or perceive itself to be, self-sufficient; in its mastery of nature it would need no supplement of pious practices that acknowledge dependence on the divine. As it is, that acknowledgement addresses a twofold need. On the one hand, it encourages confidence in the face of uncertainty and counteracts a passivity that might otherwise prevail when we realize the limits of our control; at the same time, in reminding us of those limits, it puts a check on the exercise of the arts, in which we might forge ahead without sufficient regard for their unintended consequences. Philosophy, out of knowledge of ignorance and the desire to know, has its own intrinsic source of

übung der Künste, mit denen wir vorpreschen könnten, ohne die unbeabsichtigten Konsequenzen hinreichend zu beachten. Die Philosophie verfügt im Wissen der Unwissenheit und dem Begehren zu wissen über ihre eigene intrinsische Quelle von Besonnenheit und Mut; demselben Zweck dient die Gottesfurcht hinsichtlich der Künste in der Stadt.

Ermüdet vom Versuch, den Philosophen über die vielen schönen Dinge aufzuklären, die die Götter vollbringen, ist der Seher schließlich bereit, eine einfache Antwort zu geben:[46] zu wissen, wie man betend und opfernd den Göttern Angenehmes redet und tut, das sind die frommen Dinge (*ta hosia*), welche die privaten Familien und die Stadt gemeinsam retten, während die dem Angenehmen entgegengesetzten Dinge, die gottlos (*asebē*) sind, alles umstürzen und zerstören (14b). Sokrates steht im Begriff, Euthyphron zu kritisieren, weil er die Frage nach der Funktion

---

46 Ursprünglich fragte Sokrates Euthyphron: »Was vollbringt *unser kunstreicher Dienst an den Göttern*?« (13e). Nachdem er den Seher an dessen Behauptung erinnert hat, er verstehe sich schöner als andere Menschen auf die göttlichen Dinge, formuliert er die Frage neu: Was ist das ganz schöne Werk, das *die Götter vollbringen, indem sie uns als Diener gebrauchen*? Nachdem er Beispiele anderer besonderer Künste angeführt hat, fragt Sokrates schließlich einfach: Was ist das hauptsächliche Ding unter den vielen schönen Dingen, die die Götter vollbringen? Euthyphron muß am Ende an einen Vorteil denken, den die tätigen Götter als Belohnung für gottesfürchtige Praktiken gewähren; aber Sokrates' ursprüngliche Formulierung machte die Menschen zu Handelnden, deren als Dienst an höheren Wesen aufgefaßte Tätigkeit einen Vorteil hervorbringen könnte, ob diese Wesen existieren oder nicht, oder ob sie an menschlichen Angelegenheiten irgendein Interesse haben oder nicht.

moderation and courage; for the arts in the city, piety serves that purpose.

Having grown tired of trying to enlighten the philosopher about the many beautiful things the gods accomplish, the seer is finally ready to give a simple answer:[46] knowing how to say and to do what is gratifying to the gods, in praying and sacrificing, these are the holy things (*ta hosia*), which save private families and the city in common, while the things contrary to the gratifying, which are impious (*asebē*), overturn and destroy everything (14b). Socrates is about to criticize Euthyphro for failing to answer the question about the function of piety, but of course he has done just that in passing: the holy things save families and the city – mentioned here together for the first and only time –

14b–15d

46 Socrates originally asked Euthyphro, What does *our artful service to the gods* accomplish (13e)? After reminding the seer of his claim to know more beautifully than other human beings about the divine things, he restated the question: What is that all-beautiful function that *the gods accomplish using us as servants*? Finally, after offering examples of other particular arts, Socrates asks simply: What is the chief thing among the many beautiful ones *the gods accomplish*? Euthyphro must be thinking in the end of a benefit bestowed by active gods in reward for pious practices; but Socrates' original formulation made human beings the agents, whose activity construed as service to higher beings might produce a benefit whether or not those beings exist, or have any concern with human affairs.

der Gottesfurcht nicht beantwortete, aber selbstverständlich hat dieser ebendas beiläufig getan: die frommen Dinge retten die Familien und die Stadt – die hier zum ersten und einzigen Mal zusammen erwähnt werden –, während die gottlosen Dinge sie zerstören. Das Fromme, ganz allgemein, setzt Grenzen: es wendet das Prinzip an, daß nicht alles, was Menschen zu tun in der Lage sind, auch zu tun erlaubt ist. Insbesondere erhalten die frommen Dinge die Familie und damit die Stadt, indem sie die Grenze zwischen ihnen schützen. In den Verboten von Inzest und Vatermord kommt diese Funktion am grundlegendsten zum Ausdruck. Die gottlosen Dinge sind Verletzungen dieser Verbote – von den tragischen Dichtern zur Darstellung gebracht –, die die Sphäre der Familie und damit die Stadt zerstören.

Die Handlung des Dialogs, in der es um Euthyphrons komisches Äquivalent einer solchen Verletzung geht, hebt diese Funktion der Gottesfurcht hervor. Aber die Reden müssen, behauptet Sokrates jetzt, dem Befragten folgen, wohin er sie führt, und er leitet daraus einen letzten Vorschlag für eine Definition ab: Frömmigkeit ist eine »Wissenschaft des Opferns und Betens« (14c). Genau das ist es selbstverständlich, worauf Sokrates das Gespräch die ganze Zeit hinlenken wollte, auf die rituellen Praktiken in der Stadt – das konventionellste Verständnis von Gottesfurcht, obschon es Euthyphron unter der Bezeichnung »Wissenschaft« (*epistēmē*) angeboten wird. Gebet und Opfer setzen, wie unwissentlich auch immer, eine implizite Annahme über Gott oder die Götter voraus: wenn die grundlegenden Verbote von Inzest und Vatermord das Fromme zum Ausdruck bringen, drücken Gebet und Opfer unser Bewußtsein vom Göttlichen aus. Es muß, so

while the impious things destroy them. The holy, most generally, establishes limits: it applies the principle that not everything human beings are capable of doing is permissible to do. In particular, the holy things preserve the family, and with that the city, by protecting the boundary between them. This function is expressed most fundamentally in the prohibitions of incest and parricide. Violations of those prohibitions are the impious things – represented by the tragic poets – which destroy the sphere of the family, and with that the city.

The action of the dialogue, concerned with Euthyphro's comic equivalent of such a violation, highlights this function of piety. But the speeches must follow, Socrates now claims, wherever the one questioned leads and from that he derives a final proposal for a definition: holiness is a "science of sacrificing and praying" (14c). This, of course, is exactly where Socrates has been driving the conversation all along, to the ritual practices in the city – the most conventional understanding of piety, albeit offered to Euthyphro under the title of a "science" (*epistēmē*). Prayer and sacrifice presuppose, however unwittingly, some implicit assumption about god or gods: if the fundamental prohibitions of incest and parricide express the holy, prayer and sacrifice express our awareness of the divine. There must, it would seem, be some relation between them, but it is perhaps always indi-

scheint es, eine Beziehung zwischen ihnen bestehen, aber sie bleibt vielleicht immer indirekt und dunkel.[47] Wenn Sokrates sich von der Frage, die in der Handlung des Dialogs verborgen ist, abwendet und behauptet, Euthyphrons Reden zu folgen, läßt er das Problem im Dunkeln.

Ein Gebet besteht darin, schlußfolgert Sokrates, von den Göttern etwas zu erbitten, und ein Opfer darin, ihnen etwas zu schenken; also ist Frömmigkeit in Wirklichkeit eine Kunst des Tauschhandels (14c–d). Frömmigkeit als ökonomischer Austausch zwischen Menschen und Göttern ist nicht gerade eine ehrfurchtgebietende Vorstellung; bestenfalls ersetzt sie Euthyphrons strafende Gerechtigkeit durch kaufmännische Gerechtigkeit, obwohl Gaben an die Götter in der Hoffnung, ihre Gunst zu gewinnen, nur schwer von Bestechung zu unterscheiden sind.[48] Die Götter

47 Die Trennung des Frommen vom Göttlichen spiegelt sich in Platons *Nomoi* in dem problematischen Verhältnis zwischen dem Strafkodex von Buch IX und der Theologie von Buch X wider. Bei seiner Erklärung der tieferen Wirkung, die das Fromme im Gegensatz zu den Glaubensvorstellungen bezüglich des Göttlichen hat, vergleicht Benardete das Verbrechen des Inzests einerseits mit dem Atheismus andererseits (*Plato's »Laws«. The Discovery of Being*. Chicago 2001, S. 256).

48 Kephalos erscheint in Buch I der *Politeia* wie ein Repräsentant dieser Gottesfurcht. Das, wofür er steht, kehrt in Buch II wieder, wenn Adeimantus Sokrates auffordert, eine angemessene Verteidigung der Gerechtigkeit zu liefern, im Gegensatz zu den Dichtern, in deren Darstellung die Götter von Gebeten und Opfern dazu bewegt werden, über die Ungerechtigkeit hinweg zu sehen (364d–e, 365d–e). Der Glaube, die Götter könnten durch Gebete und Opfer leicht überredet werden, ist in Buch X von Platons *Nomoi* (885b) die letzte der drei Formen von Gottlosigkeit, die der Athenische Fremde unterscheidet.

rect and obscure.[47] Socrates leaves that problem shrouded in darkness when he turns away from the issue lurking in the action of the dialogue and claims to follow Euthyphro's speeches.

Prayer, Socrates reasons, is a matter of asking from the gods and sacrifice of giving to them; so holiness is really an art of barter (14c–d). Holiness as an economic exchange between humans and gods is not exactly an awe-inspiring conception; at best, it replaces Euthyphro's punitive justice by commercial justice, though giving to the gods, in the hopes of gaining their favors, looks hard to distinguish from bribery.[48] The gods certainly must be foolish partners in the deal if there is nothing they can get from it for themselves, and what, indeed,

47 The separation of the holy and the divine is reflected in Plato's *Laws* by the problematic relation between the penal code of Book IX and the theology of Book X. Explaining the deeper effect of the holy in contrast with beliefs about the divine, Benardete compares the crime of incest, on the one hand, with atheism, on the other (*Plato's "Laws": The Discovery of Being*. Chicago 2001, p. 256).

48 Cephalus, in Book I of the *Republic*, looks like the representative of this piety. What he stands for reappears in Book II, when Adeimantus challenges Socrates to provide an adequate defense of justice in contrast with the poets, who present the gods moved by prayers and sacrifices to overlook injustice (364d–e, 365d–e). The belief that gods can be easily persuaded by prayers and sacrifices is the last of the three forms of impiety the Athenian Stranger confronts in Book X of Plato's *Laws* (885b).

müssen bei diesem Handel ja törichte Partner sein, wenn sie keinen Gewinn für sich daraus ziehen können, und was könnten solche höheren Wesen von denen bekommen, die geringer sind? Unsere Geschenke an die Götter könnten, so vermutet Euthyphron, nur Ehre, Lob und Dankbarkeit sein. Aber die Ehre von einem Geringeren zu empfangen, ist kaum eine Quelle der Befriedigung: ein Gott wäre in einer noch unmöglicheren Situation als der Großgesinnte bei Aristoteles.[49] Sokrates fragt jedenfalls, wie Gottesfurcht den Göttern angenehm sein könnte, aber nicht vorteilhaft für sie oder ihnen lieb; und wenn Euthyphron einräumt, daß sie ihnen sicher lieb ist, ergreift Sokrates sofort die Gelegenheit und tadelt *ihn*, kunstreicher zu sein als Dädalos und die Reden im Kreis herumgehen zu lassen, direkt zurück in die Sackgasse, die sie im Zentrum der Untersuchung erreicht hatten.

Vielleicht stimmten sie zuvor nicht richtig überein, gesteht Sokrates zu, oder sie stellen jetzt etwas Falsches auf. Euthyphron kann nur antworten: »So scheint es« (15c); tatsächlich hätte er gegen den Schluß in beiden Rücksichten protestieren müssen: das den-Göttern-lieb-Sein war ursprünglich – auf einer höchst fragwürdigen Grundlage – als *Ursache* alles Frommen abgelehnt worden, während es jetzt nur ein *Attribut* von etwas Frommem ist, was durchaus akzeptabel sein sollte. Daß Euthyphron das Argument

---

49 Der Großgesinnte beansprucht die größten Dinge und ist ihrer würdig, die das sein sollten, was wir den Göttern anbieten, und ein solches Ding ist die Ehre (*Nikomachische Ethik* 1123b16–20); aber als Kandidat für das menschliche Gute wird die Ehre mit der Begründung verworfen, daß sie einen von dem abhängig macht, der sie einem zuteil werden läßt (1095b24–26).

could such superior beings get from those who are inferior? Our gifts to the gods, Euthyphro presumes, could only be honor, praise, and gratitude. But honor from an inferior is hardly a source of satisfaction: a god would be in an even more impossible situation than Aristotle's great-souled man.[49] Socrates wonders, in any event, how piety could be gratifying to the gods but not advantageous or dear to them; and when Euthyphro grants that it is certainly dear to them, Socrates quickly jumps on it to blame *him* for being more artful than Daedalus and making the speeches go round, right back to the impasse they reached at the center of the inquiry.

Perhaps they did not agree beautifully before, Socrates concedes, or else they are now positing something incorrect. Euthyphro can only respond, "It seems so" (15c); in fact he should have protested the conclusion drawn at both points: being dear to the gods was originally rejected – on a very questionable basis – as the *cause* of anything being holy, whereas now it is only an *attribute* of something holy, which should be perfectly acceptable. Euthyphro's misunderstanding of the argument, nevertheless, has a positive practical result: what-

49 The great-souled man claims and is worthy of the greatest things, which should be that which we offer to the gods, and such a thing is honor (*Nicomachean Ethics* 1123b16–20); but honor is rejected as a candidate for the human good on the grounds that it makes one dependent on those who bestow it (1095b24–26).

mißversteht, hat nichtsdestoweniger ein positives prakti-
sches Ergebnis: einerlei welches Wissen er noch zu haben
glaubt, muß er jetzt zumindest einsehen, daß er nicht über
die Fähigkeit verfügt, es jemandem zu vermitteln, der so
unaufgeklärt ist wie sein Gegenüber in diesem Gespräch
oder vielleicht die Jury, die er von seinem Fall zu überzeugen hätte. Sokrates, der im Verlauf des Gesprächs ein klare-
res Wissen der Unwissenheit erlangt haben muß, ist unter-
dessen bereit, von neuem zu beginnen und zu untersuchen,
was das Fromme ist. Zu diesem späten Zeitpunkt dringt
er in Euthyphron, ihm die Wahrheit zu sagen und nicht
zurückzuhalten, was er sicher wissen muß, denn sonst
würde ihn der Gedanke an die strafrechtliche Verfolgung
seines Vaters mit Furcht vor den zornigen Göttern und
Scham vor den mißbilligenden Menschen erfüllen. Euthyphron hat es plötzlich eilig, sich zu verabschieden (15d).[50]

Das Argument mag nicht im Kreis verlaufen sein, wie
Sokrates behauptet, aber es befand sich in Bewegung – vom
Frommen als Nachahmung Gottes zu Gebet und Opfer.
Wenn Euthyphron im Verlauf des Dialogs anscheinend
keine Selbsterkenntnis gewonnen hat, so hat er sich doch
von seiner prahlerischen Identifikation mit einem strafenden Gott zur Akzeptanz der öffentlichen Praktiken

---

50 Dieses Beispiel wählt Diogenes Laertius, woran Hannes Kerber
mich erinnert, um Sokrates' Fähigkeit des Abbringens nicht weniger
als des Überredens zu veranschaulichen: »So ließ er den Theätet nach
seiner Unterredung mit ihm über das Wissen in hoher Begeisterung
von sich gehen, wie Platon sagt; den Euthyphron dagegen, der gegen
seinen Vater einen Prozeß anstrengte wegen Fremdenmordes, warnte
er davor durch eine Unterredung über die Gottesfurcht« (*Leben
und Meinungen berühmter Philosophen* II.29. Übers. Otto Apelt.
Hamburg ²1967).

ever knowledge he may still believe he has, he must at least realize now he does not have the ability to convey it to someone as unenlightened as his partner in this conversation, or perhaps the jury he would have to convince of his case. Socrates, meanwhile, who must have achieved a more articulate knowledge of ignorance in the course of the conversation, is prepared to begin again and inquire, What is the holy? At this late point he entreats Euthyphro to tell him the truth and not withhold what he surely must know, otherwise the thought of prosecuting his father would fill him with fear before angry gods and shame before disapproving humans. Euthyphro is suddenly in a hurry to leave (15d).[50]

The argument may not have gone in a circle, as Socrates claims, but it has been in motion – from the holy as imitation of god to prayer and sacrifice. While apparently gaining no self-knowledge in the process, Euthyphro has been moved from his boastful identification with a punishing god to acceptance of the public practices that foster in the family and the city recognition of limits,

---

50 Diogenes Laertius chooses this example, as Hannes Kerber reminds me, to illustrate Socrates' ability at dissuading no less than persuading: "After conversing with Theaetetus about knowledge, he sent him away, as Plato says, fired with a divine impulse; but when Euthyphro had indicted his father for manslaughter, Socrates, after some conversation with him upon piety, diverted him from his purpose" (*Lives of Eminent Philosophers* II.29).

bewegt, die in der Familie und der Stadt die Anerkennung von durch höhere Mächte sanktionierten Grenzen fördern. Gleichzeitig hat Sokrates, indem er den Seher durch diese Bewegung hindurch führte, sie auf sich selbst angewendet, wie er durch die Anspielung auf Homer andeutet, die den Dialog beschließt.

Sokrates setzt seine Begegnung mit dem Seher Menelaos' Ringen mit dem prophetischen Meeresgott Proteus gleich, in bezug auf dessen gleitende Verwandlung von einer Gestalt in eine andere. Die Referenz gilt dem Bericht, den Menelaos Telemach von seiner vereitelten Heimkehr nach dem Ende des Trojanischen Krieges gibt (*Odyssee* IV.351–485). Ohne zu wissen, daß er den Göttern ein Opfer schuldete, wurde Menelaos in Ägypten festgehalten, bis eines der höheren Wesen, die Göttin Eidotheia, Mitleid zeigte und ihm mitteilte, wie er ihrem Vater Proteus das Geheimnis des geforderten Opfers entwinden könne. Was Menelaos von Proteus erfuhr, führte ihn zurück an den Fluß Egyptus, um dort fromme Hekatomben zu opfern, die es ihm ermöglichten, den Heimweg fortzusetzen. Was die Götter von uns wollen, impliziert Homer – das Opfer, das sie verlangen –, ist letztlich geheimnisvoll und wir haben keinen direkten Zugang dazu. Eine gewisse Leitung kann man in »den ersten Dingen« (das heißt Proteus auf griechisch) finden, doch nur dann, wenn man den undurchschaubaren Fluß aufhalten und eine beständige Natur ergreifen kann, was die Vermittlung einer »göttlichen Form« (Eidotheia) erfordert.

Indem er in Menelaos' Rolle schlüpft, interpretiert Sokrates die Anklage gegen sich als ein Hindernis göttlicher Herkunft, das ihm den Weg nach Hause verlegt. Wenn man ihn der Gottlosigkeit und des Verderbens beschuldigt, kann

sanctioned by higher powers. At the same time, in leading the seer through this movement Socrates has been applying it to himself, as he indicates by the Homeric allusion that brings the dialogue to a close.

Socrates likens his encounter with the seer to Menelaus wrestling with the prophetic sea-god Proteus, in his slippery transformation from one shape into another. The reference is to the account Menelaus gives Telemachus of his thwarted return home at the end of the Trojan War (*Odyssey* IV.351–485). Unaware of a sacrifice he owed to the gods, Menelaus was held back in Egypt, until one of the higher beings, the goddess Eidotheia, took pity on him and informed him how he could wrest from her father Proteus the secret of the sacrifice required. What Menelaus learned from Proteus led him back to the river Egyptus to offer holy hecatombs, which made possible the continuation of his way homeward. What the gods want from us, Homer implies – the sacrifice they demand – is ultimately mysterious and we have no direct access to it. There is some guidance to be found in "the first things" (that is, Proteus in Greek), but only if one can arrest the unintelligible flux and get hold of some stable nature, which requires the mediation of "divine form" (Eidotheia).

Casting himself in the role of Menelaus, Socrates interprets his indictment as an impediment of divine provenance blocking his way home. With the accusation against him for impiety and corruption, he cannot simply go on practicing phi-

er nicht einfach fortfahren, in Athen Philosophie zu praktizieren. An der Stoa des Königs, des Aufsehers für die alt-
überkommenen Opfer, hat er herauszufinden gehofft, was
von ihm gefordert wird, indem er versuchte, eines Sehers in
dessen proteischem Fluß habhaft zu werden. Das ist tatsächlich eine doppelte Aufgabe, die zwischen der Handlung des Dialogs und seinen Reden aufgeteilt ist. Das Ziel
der Reden, eine beständige *idea* des Frommen festzuhalten,
ist anscheinend nicht erreicht worden, doch die Handlung
hat mit Euthyphrons hastigem Abgang unter dem Schatten
von Furcht und Scham einen Abschluß erreicht.[51] Gleichzeitig scheint Sokrates zu einer Entscheidung über seinen
eigenen Weg gelangt zu sein: er wird sich dem Prozeß
stellen und nicht aus der Stadt fliehen,[52] und wenn er es tut,
wird er versuchen, die Jury dazu zu überreden, daß seine

51 Die Folge der sieben Dialoge, die mit *Apologie, Kriton* und *Phaidon*
endet, beginnt mit dem *Theaitetos*, dem ersten Werk einer Trilogie,
die durch den *Sophistes* und den *Politikos* vervollständigt wird. Dieses
Fortschreiten wird jedoch durch den *Euthyphron* unterbrochen, obwohl die Handlung den Dialog in ein abschließendes Quartett ein-
fügen sollte, in dem er Sokrates' Prozeß, Gefangenschaft und Tod einleitet. Platons Entscheidung, den *Euthyphron* statt dessen in die
»theoretische« Trilogie einzufügen, muß demnach auf die Reden des
Dialogs und die Frage des Frommen zurückzuführen sein, mit der sie
sich auseinandersetzen.

52 Als Kriton in das Athener Gefängnis kommt, um Sokrates aufzu-
fordern, sein Leben zu retten, macht er ihm nicht nur Vorwürfe, weil
er die Gelegenheit zur Flucht ablehnt, sondern auch, weil er den Prozeß so führte, wie er es tat, und weil er zuließ, daß es überhaupt zum
Verfahren kam (*Kriton* 45e–46a). Sokrates' Gespräch mit Theaitetos
hatte ihn bereits dazu motiviert, zur Stoa des Königs zu gehen und
die Anklageschrift in Empfang zu nehmen; sein Gespräch mit Euthyphron treibt ihn weiter auf den Prozeß zu.

losophy in Athens. At the Stoa of the King, super-
visor of the ancestral sacrifices, he has been hoping
to discover what is required of him by trying to get
hold of a seer in all his Protean flux. This is in fact a
twofold task, which is split between the action
of the dialogue and its speeches. The aim of the
speeches, to pin down a stable *idea* of the holy, has
apparently not been achieved, but the action has
come to a conclusion with Euthyphro's hasty
departure, under the shadow of fear and shame.[51]
Socrates, at the same time, seems to have arrived at
a decision about his own course: he will go on to
face the trial, rather than flee from the city,[52] and
when he does, he will try to persuade the jury that
his practice of philosophy is a service to the god

51 The sequence of seven dialogues that ends with the
Apology, Crito, and *Phaedo* begins with the *Theaetetus*, the
first work in a trilogy completed by the *Sophist* and *Statesman*. That progression is interrupted, however, by the
Euthyphro, though the action of the dialogue should place it
in a final quartet, introducing Socrates' trial, imprisonment,
and death. Plato's choice to insert it instead into the "theoretical" trilogy must be due, then, to the speeches of the dialogue, and the question of the holy they address.

52 When Crito comes to the Athenian prison to exhort
Socrates to save his life, he reproaches him not only for
refusing the opportunity to escape, but for having conduct-
ed the trial as he did and allowing it to come to court in the
first place (*Crito* 45e–46a). Socrates' conversation with
Theaetetus had already motivated him to come to the Stoa
of the King and receive the indictment against him; his conversation with Euthyphro drives him on to the trial.

Praxis der Philosophie Dienst am Gott ist und seine Aktivität der Prüfung das große Geschenk des Gottes an die Stadt. Wenn und nur wenn er mit dieser Anstrengung scheitert, wird das zu erbringende Opfer sein Leben sein.[53]

Sokrates ist in diese Krise geraten, weil man glaubt, er stelle aufgrund seiner Praxis, »neue Götter zu machen« und andere auf denselben Weg zu führen, eine Bedrohung dar. Abermals legen die Reden und die Handlung des *Euthyphron* eine zweifache Interpretation nahe. In den Reden des Dialogs zeigt sich die neue Konzeption des Philosophen von der höchsten Art des Seienden als *idea*. Die einfache idea des Frommen, wie sie am Beginn des Gesprächs formuliert wurde, ermöglichte Sokrates, der Frage Was ist das? nachzugehen und dabei das Problem des Frommen in seiner ganzen Komplexität aufzudecken und auszudrücken. Die Handlung des Dialogs stellt zugleich dar, wie Sokrates jene *idea* zur Geltung bringt, um Euthyphron Grenzen zu setzen. Diese Darstellung verwandelt das einzigartigste und unvergleichlichste Individuum in *das* Paradigma des Philosophen und seiner distinkten Lebensweise.[54] Vielleicht hatte Euthyphron also nicht ganz unrecht, wenn er in Verbin-

---

53 Siehe *Apologie* 23b, 30a, 30d–31a. Das göttliche Zeichen, von dem Sokrates sagt, daß es ihn leite, ist das Schweigen des *daimonions*, das aufgehört hat, einzugreifen und sein Leben in der Stadt zu erhalten (s. Anm. 12). Wenn Sokrates nun wie Menelaos seine Reise nach Hause fortsetzen kann, dann nicht zum Marktplatz in Athen, sondern in den Hades, »den unsichtbaren Ort« (*aidēs*), der das natürliche Zuhause des Philosophen ist (*Phaidon* 80d).

54 Alkibiades erklärt Sokrates für so absolut einzigartig, daß man ihn mit niemandem, weder unter den Alten noch unter den Zeitgenossen, vergleichen kann – es sei denn vielleicht mit Silenen und Satyrn, die ein so lebendiges Bild abgeben (*Symposion* 221c–d).

and his activity of examination the god's great gift to the city. If and only if he fails in that effort, the sacrifice called for will be his life.[53]

Socrates has come to this crisis because of the threat he is thought to present by his practice of "making new gods" and leading others along the same path. A twofold interpretation is suggested, once again, by the speeches and the action of the *Euthyphro*. The philosopher's new conception of the highest kind of being shows up, in the speeches of the dialogue, as the *idea*. The simple *idea* of the holy posited at the outset of this conversation enabled Socrates to explore the question, What is it?, and in doing so, to uncover and articulate the problem of the holy, in all its complexity. The action of the dialogue represents Socrates, at the same time, putting that *idea* to work in his task of imposing limits on Euthyphro. This representation turns the most unique and incomparable individual into *the* paradigm of the philosopher and his distinctive way of life.[54] Perhaps Euthyphro was

53 See *Apology* 23b, 30a, 30d–31a. The divine sign Socrates credits with guiding him is the silence of the *daimonion*, which has ceased to intervene and preserve his life in the city (see note 12). If, like Menelaus, Socrates can now proceed on his homeward journey, it is not to the marketplace of Athens, but to Hades, "the invisible place" (*aidēs*) that is the natural home of the philosopher (*Phaedo* 80d).

54 Alcibiades declares Socrates so absolutely unique that he can be compared to no other, ancient or contemporary – unless, perhaps, the Silenuses and Satyrs, which furnish such a vivid image (*Symposium* 221c–d).

dung mit der Anschuldigung gegen Sokrates an das idio-synkratische *daimonion* dachte. Wenn die *idea* die Stelle eines abstrakten Gottes wie Hesiods Nemesis einnimmt, dann gibt es einen anderen Ersatz für die Olympier der Dichter, individuelle Wesen, die die höchsten menschlichen Typen beispielhaft veranschaulichen: die Gestalt des Sokrates und den »Macher neuer Götter«, Platon.[55]

In dem Gespräch, das Platons dramatischer Chronologie zufolge am Morgen nach dem *Euthyphron* stattfindet, begegnet Sokrates einem Fremden, der als ein »sehr philosophischer Mann« vorgestellt wird, und er fragt, ob dieser nicht ein verkleideter Gott sei, denn der Philosoph, so warnt er, ist hinter seinen wechselnden Erscheinungsformen so schwer zu erkennen wie die Götter Homers.[56] Sokrates steht unmittelbar vor seinem Prozeß und wird von der Stadt durch die Linse des Bildes gesehen, das zuerst in Aristophanes' Komödie entworfen wurde. Im *Euthyphron*

55 Siehe Anm. 13. In seinen Überlegungen zur Zerstörung der dionysischen Tragödie durch Euripides bemerkt Nietzsche, daß der Dichter in einem gewissen Sinn nur eine Maske war, durch die eine Gottheit spricht: »nicht Dionysus, auch nicht Apollo, sondern ein ganz neugeborener Dämon, genannt Sokrates« (*Die Geburt der Tragödie* 12). Der sterbende Sokrates mag »das neue, noch nie sonst geschaute Ideal der edlen griechischen Jugend« geworden sein, das insbesondere den jungen Platon inspirierte (13); doch wenn Sokrates der »Wendepunkt und Wirbel der sogenannten Weltgeschichte« (15) ist, dann ist das das Ergebnis des von Platon konstruierten Bildes.

56 Siehe *Sophistes* 216a–d. Genauer gesagt, bemerkt Sokrates, daß die Philosophen manchmal als Sophisten und manchmal als Staatsmänner auftreten, womit er die speziellen Fragen für das nachfolgende Dialogpaar aufwirft, das letztlich die Frage stellt: Was ist der Philosoph?

not altogether wrong, then, in thinking of the idiosyncratic *daimonion* in connection with the charge against Socrates. If the *idea* takes the place of an abstract god like Hesiod's Nemesis, there is a different stand-in for the poets' Olympians, individual characters who exemplify the highest human types: that is the figure of Socrates and "the maker of new gods," Plato.[55]

In the conversation that takes place on the morning after the *Euthyphro*, according to Plato's dramatic chronology, Socrates meets up with a Stranger, introduced as a "very philosophic man," and wonders if he might not be a god in disguise, since the philosopher, he warns, is as hard to recognize behind his changing appearances as Homer's gods.[56] Socrates is about to go on trial, perceived by the city through the lens of the image first put

55 See note 13. Reflecting on the destruction of Dionysian tragedy by Euripides, Nietzsche remarks that the poet was, in a certain sense, just a mask through whom a divinity speaks – "not Dionysus, nor Apollo, but a completely new-born daemon, called Socrates" (*Birth of Tragedy* section 12). The dying Socrates may have become "the new ideal, never seen before, of the noble Greek youth," which in particular inspired the young Plato (13); but if Socrates is the "turning point and vortex of so-called world history" (15), that is the result of the image constructed by Plato.

56 See *Sophist* 216a–d. More specifically, Socrates observes that the philosophers appear sometimes as sophists and sometimes as statesmen, thus setting up the particular questions for the pair of dialogues that follow, which ultimately ask, What is the philosopher?

präsentiert Platon durch das Auftreten, das Sokrates in seiner spielerischen Begegnung mit einem Seher an den Tag legt, zum voraus eine Verteidigung. Während seines Prozesses wird es Sokrates nicht gelingen, eine Mehrheit seiner Mitbürger davon zu überzeugen, daß seine Praxis der Philosophie das größte Geschenk des Gottes an die Stadt ist; Platon imaginiert bereits vor dem folgenschweren Ereignis einen Sokrates, der sich eben dann als Verteidiger der Väter und der Praktiken der Gottesfurcht in der Stadt zu Wort meldet, wenn er sein eigenes Verständnis des Göttlichen und des Frommen entwickelt. Aber Platons philosophische Komödie ist mehr als eine verteidigende Antwort auf Aristophanes' anklagende Komödie: indem sie Sokrates' Aktivität als Vorbild für das darstellt, was ein menschliches Leben lebenswert macht, setzt sie das Bemühen des Philosophen fort, andere zu finden, die wie er sind oder sein können.

Aus dem amerikanischen Englisch übersetzt von Wiebke Meier

forward by Aristophanes' comedy. In the *Euthyphro*, Plato presents a defense of Socrates in advance, through the appearance he takes on in his playful encounter with a seer. At his trial Socrates will fail to convince a majority of his fellow citizens that his practice of philosophy is the god's greatest gift to the city; Plato imagines, before that momentous occasion, a Socrates who comes forward as the defender of the fathers and the practices of piety in the city, precisely while developing his own understanding of the divine and the holy. But Plato's philosophic comedy is more than a defensive response to Aristophanes' accusatory comedy: through its representation of Socrates' activity as a model of what makes a human life worth living, it carries on the philosopher's endeavor of finding others like or potentially like himself.

Ronna Burger, geboren am 5. Dezember 1947 in Cleveland, Ohio. Studium der Philosophie an der University of Rochester (B.A. 1969) und der Graduate Faculty der New School for Social Research in New York (M.A. 1972, Ph.D. 1975). Dissertation über Platons *Phaidros* unter Seth Benardete. 1978–1979 Andrew Mellon Postdoctoral Fellowship, 1979–1980 Stipendiatin der Alexander von Humboldt Stiftung in Tübingen, Arbeit an einem Buch über Platons *Phaidon*. Fellowships der Earhart Foundation und des National Endowment for the Humanities. Seit 1980 Lehre im Department of Philosophy an der Tulane University/New Orleans. Full Professor 1997, Chair of the Department of Philosophy 2006–2013. Seit 2011 Catherine & Henry J. Gaisman Professor. Carl Friedrich von Siemens Fellow 1999–2000. Dissertation Director Award 2003, Faculty Research Award 2010.

Selbständige Veröffentlichungen

Plato's Phaedrus. A Defense of a Philosophic Art of Writing. Tuscaloosa 1980.

The Phaedo. A Platonic Labyrinth. New Haven 1984; um ein neues Vorwort erweiterte 2. Aufl. South Bend 1999.

Aristotle's Dialogue with Socrates. On the Nicomachean Ethics. Chicago 2008.

Herausgeberin

The Argument of the Action. Essays on Greek Poetry and Philosophy by Seth Benardete. Hg. mit Michael Davis. Chicago 2000.

Encounters and Reflections. Conversations with Seth Benardete. Chicago 2003.

The Archaeology of the Soul. Platonic Readings of Ancient Poetry and Philosophy by Seth Benardete. Hg. mit Michael Davis. South Bend 2012.

The Eccentric Core. The Thought of Seth Benardete. Hg. mit Patrick Goodin. South Bend 2016.

Ausgewählte Aufsätze

Socratic *Eironeia. Interpretation* 13/2, Spring 1985, 143–150.

Ethical Reflection and Righteous Indignation: *Nemesis* in the *Nicomachean Ethics*. In: *Aristotle's Ethics. Essays in Ancient Greek Philosophy* Vol. IV. Hg. John Anton/Antony Preus. Albany 1991, 127–140.

Aristotle's "Exclusive" Account of Happiness: Contemplative Wisdom as a Guise of the Political Philosopher. In: *The Crossroads of Norm and Nature. Aristotle's Ethics and Metaphysics.* Hg. May Sim. Lanham 1995, 79–98.

Plato's Non-Socratic Narrations of Socratic Conversation. In: *Plato's Dialogues. The Dialogical Approach.* Hg. Richard Hart/ Victorino Tejera. Lewiston 1997, 121–142.

Aristotle on *Mimesis*. In: *Encyclopedia of Aesthetics.* Hg. Michael Kelly. Oxford 1998, 99–101.

Male and Female Created He Them: Some Platonic Reflections on Genesis 1–3. In: *Nature, Woman, and the Art of Politics.* Hg. Eduardo Velasquez. Lanham 2000, 1–18.

The Thumotic and the Erotic Soul. *Interpretation* 32/1, Winter 2004, 57–76.

Socrates' Odyssean Return: On Plato's *Charmides.* In: *Socratic Philosophy and Its Others.* Hg. Denise Schaeffer/Christopher Dustin. Lanham 2013, 217–235.

Maimonides on Knowledge of Good and Evil: *The Guide of the Perplexed* I.2. In: *Political Philosophy Cross-Examined.* Hg. Thomas Pangle/J. Harvey Lomax. New York 2013, 79–100.

Definitional Law in the Bible. In: *The Eccentric Core. The Thought of Seth Benardete.* South Bend 2016.

THEMEN – Eine Publikationsreihe der Carl Friedrich von Siemens Stiftung

In der Reihe *Themen* wird eine kleine Auswahl der im Wissenschaftlichen Programm der Carl Friedrich von Siemens Stiftung gehaltenen Vorträge in teilweise überarbeiteter und erweiterter Form veröffentlicht. Die Publikationen können von der Stiftung direkt bezogen werden. Vergriffene Bände sind mit dem Vermerk *vgr* gekennzeichnet.

1 Reinhard Raffalt: *Das Problem der Kontaktbildung in der zeitgenössischen Gesellschaft.* 1960. 2. Auflage 1970. 20 S. *vgr*

2 Kurd von Bülow: *Über den Ort des Menschen in der Geschichte der Erde.* 1961. 2. Auflage 1970. 32 S. *vgr*

3 Albert Maucher: *Über das Gespräch.* 1961. 2. Auflage 1970. 22 S. *vgr*

4 Felix Messerschmid: *Das Problem der Planung im Bereich der Bildung.* 1961. 2. Auflage 1970. 34 S.

5 Peter Dürrenmatt: *Das Verhältnis der Deutschen zur Wirklichkeit der Politik.* 1963. 2. Auflage 1970. 40 S. *vgr*

6 Fumio Hashimoto: *Die Bedeutung des Buddhismus für den modernen Menschen.* 1964. 2. Auflage 1970. 36 S. *vgr*

7 Clemens-August Andreae: *Leben wir in einer Überflußgesellschaft?* 1965. 2. Auflage 1970. 28 S. *vgr*

8 Rolf R. Bigler: *Möglichkeiten und Grenzen der Psychologischen Rüstung.* 1965. 2. Auflage 1970. 35 S.

9 Robert Sauer: *Leistungsfähigkeit von Automaten und Grenzen ihrer Leistungsfähigkeit.* 1965. 2. Auflage 1970. 32 S. *vgr*

10 Hubert Schrade: *Die Wirklichkeit des Bildes.* 1966. 66 S. *vgr*

11 Wilhelm Lehmann: *Das Drinnen im Draußen oder Verteidigung der Poesie.* 1968. 24 S. *vgr*

12 Richard Lange: *Die Krise des Strafrechts und seiner Wissenschaften.* 1969. 46 S. *vgr*

13 Hellmut Diwald: *Ernst Moritz Arndt. Das Entstehen des deutschen Nationalbewußtseins.* 1970. 46 S. *vgr*

14 *Zehn Jahre Carl Friedrich von Siemens Stiftung.* 1970. 54 S. *vgr*

15 Ferdinand Seibt: *Jan Hus. Das Konstanzer Gericht im Urteil der Geschichte.* 1973. 58 S. *vgr*

16 Heinrich Euler: *Napoleon III. Versuch einer Deutung.* 1973. 82 S. *vgr*

17 Günter Schmölders: *Carl Friedrich von Siemens. Vom Leitbild des großindustriellen Unternehmers.* 1973. 64 S. *vgr*

18 Ulrich Hommes: *Entfremdung und Versöhnung. Zur ideologischen Verführung des gegenwärtigen Bewußtseins.* 1973. 50 S. *vgr*

19 Dennis Gabor: *Holographie 1973.* 1974. 52 S.

20 Wilfried Guth: *Geldentwertung als Schicksal?* 1974. 44 S.

21 Hans-Joachim Queisser: *Festkörperforschung.* 1975. 2. Auflage 1976. 64 S. *vgr*

22 Ekkehard Hieronimus: *Der Traum von den Urkulturen.* 1975. 2. Auflage 1984. 54 S. *vgr*

23 Julien Freund: *Georges Sorel.* 1977. 76 S. *vgr*

24 Otto Kimminich: *Entwicklungstendenzen des gegenwärtigen Völkerrechts.* 1976. 2. Auflage 1977. 52 S.

25 Hans-Joachim Hoffmann-Nowotny: *Umwelt und Selbstverwirklichung als Ideologie.* 1977. 42 S. *vgr*

26 Franz C. Lipp: *Eine europäische Stammestracht im Industriezeitalter. Über das Vorder- und Hintergründige der bayerisch-österreichischen Trachten.* 1978. 43 S. *vgr*

27 Christian Meier: *Die Ohnmacht des allmächtigen Dictators Caesar.* 1978. 108 S. *vgr*

28 Stephan Waetzoldt und Alfred A. Schmid: *Echtheitsfetischismus? Zur Wahrhaftigkeit des Originalen.* 1979. 72 S. *vgr*

29 Max Imdahl: *Giotto. Zur Frage der ikonischen Sinnstruktur.* 1979. 60 S. *vgr*

30 Hans Frauenfelder: *Biomoleküle. Physik der Zukunft?* 1980. 2. Auflage 1984. 53 S. *vgr*

31 Günter Busch: *Claude Monet »Camille«. Die Dame im grünen Kleid.* 1981. 2. Auflage 1984. 50 S.

32 Helmut Quaritsch: *Einwanderungsland Bundesrepublik Deutschland? Aktuelle Reformfragen des Ausländerrechts.* 1981. 2. Auflage 1982. 92 S. *vgr*

33 Armand Borel: *Mathematik: Kunst und Wissenschaft.* 1982. 2. Auflage 1984. 58 S. *vgr*

34 Thomas S. Kuhn: *Was sind wissenschaftliche Revolutionen?* 1982. 2. Auflage 1984. 62 S. *vgr*

35 Peter Claus Hartmann: *Karl VII.* 1982. 2. Auflage 1984. 60 S.

36 Frédéric Durand: *Nordistik. Einführung in die skandinavischen Studien.* 1983. 104 S.

37 Hans-Martin Gauger: *Der vollkommene Roman: »Madame Bovary«.* 1983. 2. Auflage 1986. 70 S. *vgr*

38 Werner Schmalenbach: *Das Museum zwischen Stillstand und Fortschritt.* 1983. 47 S.

39 Wolfram Eberhard: *Über das Denken und Fühlen der Chinesen.* 1984. 2. Auflage 1987. 48 S.

40 Walter Burkert: *Anthropologie des religiösen Opfers.* 1984. 2. Auflage 1987. 64 S.

41 Christopher Freeman: *Die Computerrevolution in den langen Zyklen der ökonomischen Entwicklung.* 1985. 57 S. *vgr*

42 Benno Hess und Peter Glotz: *Mensch und Tier. Grundfragen biologisch-medizinischer Forschung.* 1985. 60 S. *vgr*

43 Hans Elsässer: *Die neue Astronomie.* 1986. 64 S. *vgr*

44 Ernst Leisi: *Naturwissenschaft bei Shakespeare.* 1988. 124 S.

45 Dietrich Murswiek: *Das Staatsziel der Einheit Deutschlands nach 40 Jahren Grundgesetz.* 1989. 56 S. *vgr*

46 François Furet: *Zur Historiographie der Französischen Revolution heute.* 1989. 50 S. *vgr*

47 Ernst-Wolfgang Böckenförde: *Zur Lage der Grundrechtsdogmatik nach 40 Jahren Grundgesetz.* 1990. 86 S. *vgr*

48 Christopher Bruell: *Xenophons Politische Philosophie.* 1990. 2. Auflage 1994. 71 S. *vgr*

49 Heinz-Otto Peitgen und Hartmut Jürgens: *Fraktale. Gezähmtes Chaos.* 1990. 70 S. mit 25 Abb. und 4 Farbtafeln. *vgr*

50 Ernest L. Fortin: *Dantes »Göttliche Komödie« als Utopie.* 1991. 62 S. mit 8 Abb.

51 Ernst Gottfried Mahrenholz: *Die Verfassung und das Volk.* 1992. 58 S. *vgr*

52 Jan Assmann: *Politische Theologie zwischen Ägypten und Israel.* 1992. 2. Auflage 1995. 122 S. 3., erweiterte Auflage 2006. 138 S.

53 Gerhard Kaiser: *Fitzcarraldo Faust. Werner Herzogs Film als postmoderne Variation eines Leitthemas der Moderne.* 1993. 74 S. mit 1 Abb. *vgr*

54 Paul A. Cantor: *»Macbeth« und die Evangelisierung von Schottland.* 1993. 88 S.

55 Walter Burkert: *»Vergeltung« zwischen Ethologie und Ethik.* 1994. 48 S. *vgr*

56 Albrecht Schöne: *Fausts Himmelfahrt. Zur letzten Szene der Tragödie.* 1994. 40 S. *vgr*

57 Seth Benardete: *On Plato's »Symposium« – Über Platons »Symposion«.* 1994. 2. Auflage 1999. 106 S. 3. Auflage 2012. 110 S. mit einer Farbausschlagtafel.

58 Yosef Hayim Yerushalmi: *»Diener von Königen und nicht Diener von Dienern«. Einige Aspekte der politischen Geschichte der Juden.* 1995. 62 S. *vgr*

59 Stefan Hildebrandt: *Wahrheit und Wert mathematischer Erkenntnis.* 1995. 60 S. mit 12 Abb.

60 Dieter Grimm: *Braucht Europa eine Verfassung?* 1995. 58 S. *vgr*

61 Horst Bredekamp: *Repräsentation und Bildmagie der Renaissance als Formproblem.* 1995. 84 S. mit 32 Abb.

62 Paul Kirchhof: *Die Verschiedenheit der Menschen und die Gleichheit vor dem Gesetz.* 1996. 80 S. *vgr*

63 Ralph Lerner: *Maimonides' Vorbilder menschlicher Vollkommenheit.* 1996. 50 S. mit 5 Abb.

64 Hasso Hofmann: *Bilder des Friedens oder Die vergessene Gerechtigkeit. Drei anschauliche Kapitel der Staatsphilosophie.* 1997. 2. Auflage 2008. 98 S. mit 36 Abb.

65 Ernst-Wolfgang Böckenförde: *Welchen Weg geht Europa?* 1997. 60 S.

66 Peter Gülke: *Im Zyklus eine Welt. Mozarts letzte Sinfonien.* 1997. 64 S. mit 2 Abb. und 9 Notenbeispielen. 2. Auflage 2015. 76 S. mit 2 Abb. und 11 Notenbeispielen.

67 David E. Wellbery: *Schopenhauers Bedeutung für die moderne Literatur.* 1998. 70 S.

68 Klaus Herding: *Freuds »Leonardo«. Eine Auseinandersetzung mit psychoanalytischen Theorien der Gegenwart.* 1998. 80 S. mit 7 Abb. *vgr*

69 Jürgen Ehlers: *Gravitationslinsen. Lichtablenkung in Schwerefeldern und ihre Anwendungen.* 1999. 58 S. mit 15 Abb. und 4 Farbtafeln.

70 Jürgen Osterhammel: *Sklaverei und die Zivilisation des Westens.* 2000. 2. Auflage 2009. 74 S. mit 1 Abb.

71 Lorraine Daston: *Eine kurze Geschichte der wissenschaftlichen Aufmerksamkeit.* 2001. 60 S. mit 7 Abb. *vgr*

72 John M. Coetzee: *The Humanities in Africa – Die Geisteswissenschaften in Afrika.* 2001. 98 S.

73 Georg Kleinschmidt: *Die plattentektonische Rolle der Antarktis.* 2001. 86 S. mit 20 Abbildungen, 16 Farbtafeln und einer Ausschlagtafel.

74 Ernst Osterkamp: *»Ihr wisst nicht wer ich bin« – Stefan Georges poetische Rollenspiele.* 2002. 60 S. mit 5 Abb.

75 Peter von Matt: *Ästhetik der Hinterlist. Zu Theorie und Praxis der Intrige in der Literatur.* 2002. 62 S.

76 Seth Benardete: *Socrates and Plato. The Dialectics of Eros – Sokrates und Platon. Die Dialektik des Eros.* 2002. 98 S. mit 1 Abb.

77 Robert Darnton: *Die Wissenschaft des Raubdrucks. Ein zentrales Element im Verlagswesen des 18. Jahrhunderts.* 2003. 82 S. mit 3 Abb.

78 Michael Maar: *Sieben Arten, Nabokovs »Pnin« zu lesen.* 2003. 74 S.

79 Michael Theunissen: *Schicksal in Antike und Moderne.* 2004. 72 S.

80 Paul Zanker: *Die Apotheose der römischen Kaiser. Ritual und städtische Bühne.* 2004. 86 S. mit 31 Abb.

81 Glen Dudbridge: *Die Weitergabe religiöser Traditionen in China.* 2004. 64 S. mit 8 Farbtafeln.

82 Heinrich Meier: »*Les rêveries du Promeneur Solitaire*«. *Rousseau über das philosophische Leben*. 2005. 68 S. 2. Auflage 2010. 70 S. mit 12 Abb.

83 Jean Bollack: *Paul Celan unter judaisierten Deutschen*. 2005. 70 S.

84 Rudolf Smend: *Julius Wellhausen. Ein Bahnbrecher in drei Disziplinen*. 2006. 72 S. mit 4 Tafeln.

85 Martin Mosebach: *Die Kunst des Bogenschießens und der Roman. Zu den* »*Commentarii*« *des Heimito von Doderer*. 2006. 74 S. mit 13 Abb.

86 Ernst-Wolfgang Böckenförde: *Der säkularisierte Staat. Sein Charakter, seine Rechtfertigung und seine Probleme im 21. Jahrhundert*. 2007. 82 S. 2. Auflage 2015

87 Marie Theres Fögen: *Das Lied vom Gesetz*. 2007. 140 S. mit 5 Abb.

88 Helen Vendler: *Primitivismus und das Groteske. Yeats' »Supernatural Songs«*. 2007. 88 S. mit 8 Abb.

89 Winfried Menninghaus: *Kunst als »Beförderung des Lebens«. Perspektiven transzendentaler und evolutionärer Ästhetik*. 2008. 70 S.

90 Horst Bredekamp: *Der Künstler als Verbrecher. Ein Element der frühmodernen Rechts- und Staatstheorie*. 2008. 90 S. mit 25 Abb.

91 Horst Dreier: *Gilt das Grundgesetz ewig? Fünf Kapitel zum modernen Verfassungsstaat*. 2009. 128 S. mit 6 Abb.

92 Ernst Osterkamp: *Die Pferde des Expressionismus. Triumph und Tod einer Metapher*. 2010. 74 S. mit 10 Abb.

93 Gerhard Neumann: *Verfehlte Anfänge und offenes Ende. Franz Kafkas poetische Anthropologie*. 2011. 88 S.

94 Jürgen Stolzenberg: »*Seine Ichheit auch in der Musik heraustreiben*«. *Formen expressiver Subjektivität in der Musik der Moderne*. 2011. 102 S.

95 Heinrich Detering: *Die Stimmen aus dem Limbus. Bob Dylans späte Song Poetry*. 2012. 62 S.

96 Richard G. M. Morris: *Lernen und Gedächtnis. Neurobiologische Mechanismen*. 2013. 80 S. mit 7 Abb.

97 Jan Wagner: *Ein Knauf als Tür. Wie Gedichte beginnen und wie sie enden*. 2014. 80 S.

98 Walter Werbeck: *Richard Strauss. Facetten eines neuen Bildes*. 2014. 92 S. mit 6 Abb.

99 Karl Schlögel: *Archäologie des Kommunismus oder Russland im 20. Jahrhundert. Ein Bild neu zusammensetzen*. 2014. 120 S. mit 15 Abb.

100 Ronna Burger: On Plato's *Euthphro* – Über Platons *Euthyphron*. 2015. 124 S.

Außerhalb der Reihe sind erschienen:

1985 – 1995 Carl Friedrich von Siemens Stiftung – Zehnjahresbericht. 1996. 2. Auflage 1999. 144 S. mit 81 Abbildungen.

1995 – 2005 Carl Friedrich von Siemens Stiftung – Zehnjahresbericht. 2005. 174 S. mit 117 Abbildungen.

Notiz zur Zitierweise

Ronna Burger:
On Plato's *Euthyphro* – Über Platons *Euthyphron*
München: Carl Friedrich von Siemens Stiftung, 2015
(Reihe »Themen«, Bd. 100).

ISBN 978-3-938593-25-7

Carl Friedrich von Siemens Stiftung
Südliches Schloßrondell 23
80638 München

Veröffentlichungen
der Carl Friedrich von Siemens Stiftung
Herausgegeben von Heinz Gumin und Heinrich Meier

Heinrich Meier, Gerhard Neumann (Hg.)
Über die Liebe
Ein Symposion
München, Piper, 2000. 4. Auflage 2009. Serie Piper 3233
352 Seiten mit 10 Abbildungen. € 9,90 (D)

Gerhard Neumann
Lektüren der Liebe

Helen Fisher
Lust, Anziehung und Verbundenheit
Biologie und Evolution der menschlichen Liebe

Karl-Heinz Kohl
Gelenkte Gefühle
Vorschriftsheirat, romantische Liebe und Determinanten der Partnerwahl

Jean Starobinski
Fêtes galantes
Geburt und Niedergang einer Utopie der Liebe

Seth Benardete
Sokrates und Platon
Die Dialektik des *Eros*

Walter Haug
Tristan und Lancelot
Das Experiment mit der personalen Liebe im 12./13. Jahrhundert

Kurt Flasch
Liebe im *Decameron* des Giovanni Boccaccio

Peter von Matt
Versuch, den Himmel auf Erden einzurichten
Der Absolutismus der Liebe in Goethes *Wahlverwandtschaften*

Ulrich Pothast
Liebe und Unverfügbarkeit

Heinrich Meier
Epilog: Über Liebe und Glück

Friedrich Wilhelm Graf, Heinrich Meier (Hg.)

Der Tod im Leben
Ein Symposion

München, Piper, 2004. 3. Auflage 2009. Serie Piper 4271
352 Seiten mit 6 Abb. € 12,90 (D)

Heinrich Meier (Hg.)
Über das Glück
Ein Symposion
München, Piper, 2008. 2. Auflage 2010. Serie Piper 5304
295 Seiten mit 5 Abb. € 9,95 (D)